Rire
amoureusement

Si l'amour aveugle,

le rire éclaire

Rigolotement!...

Paule Dergagnis

Données de catalogage avant publication (Canada)
Desgagnés, Paule
  Rire amoureusement
  (Collection Psychologie)
  ISBN 2-7640-0399-4
  1. Rire – Aspect psychologique. 2. Humour – Aspect psychologique.
3. Couples. 4. Rire – Emploi en thérapeutique. I. Titre. II. Collection.

BF575.L3D472 2000   152.4'3   C00-940962-9

LES ÉDITIONS QUEBECOR
7, chemin Bates
Outremont (Québec)
H2V 1A6
Tél.: (514) 270-1746

©2000, Les Éditions Quebecor
Bibliothèque nationale du Québec
Bibliothèque nationale du Canada
ISBN: 2-7640-0399-4

Éditeur: Jacques Simard
Coordonnatrice de la production: Claire Morasse
Conception de la page couverture: Bernard Langlois
Photo de la page couverture: Mike Quon/The Image Bank
Révision: Francine St-Jean
Infographie: Jean-François Ouimet, JFO Design

Nous reconnaissons l'aide financière du gouvernement du Canada par l'entremise du Programme d'Aide au Développement de l'Industrie de l'Édition pour nos activités d'édition.

Paule Desgagnés

Rire amoureusement

LES ÉDITIONS
Quebecor

À celui que j'aime.

REMERCIEMENTS

Je remercie très chaleureusement tous les couples que j'ai rencontrés et cités dans ce livre, qui m'ont parlé de leur première rencontre amoureuse.

Je remercie particulièrement Dominique Playoust pour ses suggestions éclairantes et son aide précieuse pour la correction de ce livre. Merci aussi à Valérie Bouchard.

Je tiens également à remercier mon éditeur, M. Jacques Simard, et toute son équipe pour leur gentillesse et leur dévouement.

INTRODUCTION

Pour peu qu'on mange, qu'on boive ou
qu'on couche ensemble, on a beau s'en défendre,
on est un peu mariés.
Pierre Bayle

Lorsqu'on écrit un livre sur le couple, la première question qui nous vient à l'esprit est: pourquoi? Pourquoi ce désir, cette propension marquée pour la vie à deux? Est-ce culturel ou naturel? Est-ce une nécessité, un besoin ou un caprice? Il existe certainement plusieurs réponses, toutes aussi valables les unes que les autres, mais il est intéressant de savoir qu'une recherche effectuée sur cent soixante-six sociétés anciennes et contemporaines révèle que le sentiment amoureux existe dans 90 % des cas. Il semble aussi que l'attachement amoureux soit un trait distinctif du genre humain. L'anthropologue Helen Fisher divise l'amour en trois systèmes émotifs: la pulsion sexuelle, l'amour romantique («résultat d'un déluge d'amphétamines naturelles qui saturent le cerveau») (entrevue avec Helen Fisher accordée au magazine *Châtelaine*, sept. 1998) et l'attachement. Ce troisième système se rencontre rarement chez les mammifères: 97 % de ceux-ci ne forment pas de couples. Il semble donc que ce soit une des spécificités de l'espèce humaine.

Mais revenons à la question de départ: pourquoi choisissons-nous de former des couples? Toujours selon Helen Fisher, il y aurait quatre millions d'années que nous vivons en couple, et les raisons qui nous ont poussés à nous unir dans la préhistoire nous influenceraient encore aujourd'hui. Il semble que nos ancêtres, qui vivaient dans les plaines africaines, devaient faire face à un environnement dangereux où ils étaient une proie facile. Dans ces contrées, il n'y avait aucun arbre pour se réfugier et c'est probablement ainsi qu'ils ont commencé à marcher à deux pattes. Mais voilà, se déplacer de cette façon plaçait la femelle dans une situation précaire: elle ne pouvait plus porter son petit sur son dos, mais elle devait le garder dans ses bras. De ce fait, elle ne pouvait plus se défendre et chasser. Elle a donc eu besoin d'un mâle pour l'aider à élever ses petits. Ce qui, certainement, convenait aussi au genre masculin qui ne pouvait protéger et nourrir tout un groupe de femelles.

«Si les femmes ont développé plus d'outils linguistiques pour la communication, c'est probablement parce qu'elles se sont toujours occupées des enfants. Et si les hommes ont une très bonne perception spatiale, je crois que cela vient de millénaires passés à la chasse.» (Magazine *Châtelaine*, sept. 1998.)

La femme s'adapte aussi à la vie conjugale en perdant ses périodes de chaleur; ainsi, elle pouvait garder des mâles aux alentours toute l'année. De même, le fait que le bébé humain soit immature à la naissance et qu'il ait besoin de soins pour se développer a forcé l'homme et la femme à s'unir pour protéger leur progéniture et garantir la survie de la race et de leur descendance.

Bien sûr, les conditions de vie de la race humaine ont changé, mais «nous sommes vraiment des créatures successivement monogames. Nous formons un couple, plusieurs d'entre nous rompent, nous sommes blessés, mais éternels optimistes, nous recommençons la romance. Après un divorce, plus de 75 % des gens se remarient, prêts à repasser par le même processus». (Magazine *Châtelaine*, sept. 1998.)

D'ailleurs, il semble que le mariage soit profitable à la santé physique, émotionnelle et monétaire, tant des hommes que des femmes. Le docteur Linda Waite, de l'Université de Chicago, a publié une étude qui démontre qu'effectivement, le mariage apporte de nombreux avantages. Il semble qu'institutionnaliser son union prolonge la durée de vie. En effet, 60 % des femmes célibataires atteignent l'âge de soixante-cinq ans, pourcentage qui s'élève à 90 % dans le cas des femmes mariées. Il en est de même pour les hommes célibataires, parmi lesquels de 60 % à 70 % d'entre eux auront la chance d'atteindre le cap des soixante-cinq ans. Les hommes mariés, eux, sortent nettement gagnants de s'être passé la «corde au cou», puisqu'ils peuvent espérer dépasser l'âge de la pension de vieillesse dans une proportion de 90 %.

Cette augmentation de l'espérance de vie dans le cas des couples mariés serait due à l'attention que l'un et l'autre se portent après avoir dit «oui». Il apparaît que ces couples boivent moins d'alcool et consomment moins de marijuana et de cocaïne, ce qui permet de maintenir une meilleure santé. Mais il n'y a pas que la santé physique qui en soit bonifiée. La santé émotive se porte mieux, elle aussi, du seul fait que les couples mariés ont des relations sexuelles deux fois plus fréquemment que les célibataires. Mieux encore, l'étude fait ressortir que le mariage profite matériellement aux individus. Les hommes mariés gagnent 20 % plus d'argent que les célibataires; il en est de même pour les femmes, à condition qu'elles ne soient pas mères. Unis par le mariage, l'homme et

la femme disposent de deux fois plus de ressources moné-
taires que les célibataires.

Fait intéressant à noter, le docteur Waite affirme que «les
couples gais engagés dans une relation stable ont des chances
de profiter des mêmes avantages, à condition qu'ils demeurent
ensemble et qu'ils reçoivent un soutien social de la part
d'autres couples qui vivent ensemble». (*Le Soleil*, 23 août 1998.)

Mais il faut relativiser cette étude. Ce ne sont que statis-
tiques et moyennes, et le mariage n'est pas gage de bonheur.
Lorsqu'on parle de rapports humains, il est difficile de faire
des catégories précises et de tout définir et analyser comme
on le ferait d'un microbe en laboratoire. La rencontre amoureuse a toujours été et demeure pour moi un mystère.
Pourquoi cette personne et pas une autre? Pourquoi cette
personne rencontrée en ce lieu au moment, souvent, où on
s'y attend le moins? Serait-ce deux vides affectifs en recherche
inconsciente?

Nous recherchons tous l'amour, même inconsciemment. Cet autre à aimer. L'autre qui nous comprend et avec
qui on peut communiquer, échanger, évoluer, s'entraider,
s'appuyer, s'épauler dans les difficultés, partager ses joies…
L'autre pour la tendresse, le plaisir, la vie, le rire… «L'amour,
c'est l'espoir du monde», dit l'anthropologue Serge Bouchard
dans une entrevue télévisée.

Plusieurs craignent d'entrer en intimité avec quelqu'un.
La peur de souffrir leur vient de blessures d'une relation pré-
cédente, d'un sentiment d'échec face au passé. Pourtant, ces
unions furent des occasions d'apprendre sur soi et les
autres… Pour moi, il n'y a pas d'échecs amoureux, mais plutôt des expériences que nous avons besoin de vivre. À travers
l'autre, nous nous découvrons; il est le reflet d'une partie de

nous-mêmes. Il est très difficile d'apprendre à se connaître et même d'apprendre à aimer. Qui a dit: «Parlez-moi de moi et je vous écouterai pendant des heures»? Qu'on se l'avoue ou non, nous aimons tous plaire, être complimentés, courtisés à tout âge, en somme, être aimés. L'amour est certainement la plus grande valeur de la vie et quand nous commençons à avoir la capacité de gérer cette émotion, c'est la preuve que nous apprenons à vivre. Très lucidement, Guy Corneau dit: «L'amour me révèle à moi-même. L'autre que j'aime me révèle à quel point je peux être gentil et généreux, et même dépasser mes limites. Mais l'amour me fait prendre conscience aussi que je peux être capable de calculs, de mesquineries et de colères, au-delà de ce que j'aurais pu imaginer. L'amour est comme un soc de charrue qui déchire. Et ce qu'il déchire surtout, c'est ma bulle d'égocentrisme. Mais si j'accepte que cela arrive, si j'accepte que cela fait partie de mon destin, je peux avancer…» (*R.N.D.*, mars 1998.)

On a souvent dit, avec raison, que la communication est la base d'un couple qui fonctionne. Alors que nous vivons à l'ère des communications, que comme jamais auparavant la terre est devenue un village, que les frontières n'existent plus. Où en sommes-nous dans la communication interpersonnelle? Avons-nous progressé? C'est peut-être la question la plus importante à se poser en ce début de millénaire et pourquoi ne pas commencer à évaluer la qualité de nos rapports humains dans notre propre couple! Lorsque, avec l'être aimé, on se penche sur une telle question, on ne peut que se rapprocher. Et, plus que jamais, nous devons sortir de notre isolement, de notre bulle égoïste, se rassembler et se parler. Quand un couple unit ses énergies autour d'un projet commun, il contribue à la vie de la société. Celle-ci ne peut que se raffermir et s'en porter mieux. Nous formons un tout qui est influencé ne serait-ce que par le rire ou la larme d'un individu.

C'est que nous sommes préoccupés par le bonheur ou le malheur de tous ceux qui forment la collectivité.

La société est en perpétuel mouvement. Elle nous oblige à réévaluer constamment nos valeurs et notre mode de vie. Il y a à peine dix ans, on ne parlait pas d'autoroute électronique. Mais voilà, aujourd'hui des couples se forment à partir d'Internet. On se voit sur l'écran, on se parle à distance, nos romances deviennent virtuelles. Au cours d'une entrevue pour ce livre faite avec un jeune couple qui s'est rencontré dans Internet, j'ai été étonnée d'apprendre qu'ils préfèrent se parler par ordinateur plutôt que par téléphone. Peut-être y a-t-il là l'apparition d'un nouveau genre de couple et d'une nouvelle façon de voir les relations humaines…

Dans ce cas, n'oublions jamais que dans la rencontre amoureuse, ce sont deux êtres qui se croisent. Que ce soit un homme et une femme, deux hommes ou deux femmes, monsieur le curé et sa ménagère, un homme marié et sa maîtresse ou une femme mariée et son amant, c'est un moment où il s'est passé quelque chose entre deux personnes, quelles qu'elles soient. Ne dénigrons pas ce que nous ne comprenons pas. Quand une relation à temps plein, partiel ou une relation virtuelle existe dans la durée, contre vents et marées, c'est qu'il y a là une vérité qui mérite le respect. Pour tous, ce qui compte, c'est de se sentir bien. Quelle que soit la forme que prend notre couple, nos besoins fondamentaux demeurent les mêmes: aimer et être aimé. Des besoins très simples, mais ô combien essentiels!

Et des besoins qui, lorsqu'ils sont comblés, provoquent l'euphorie! On dit communément d'une personne qui vit un coup de foudre qu'elle est «sur les endorphines»: elle flotte. Certains scientifiques prétendent que l'amour n'est pas une affaire de romantisme et de séduction, que «c'est un moyen de perpétuer l'espèce et que le désir est avant tout véhiculé par des hormones. Un moyen de la nature pour aider les personnes à mieux s'accoupler. Un bouleversement hormonal qui influence l'humeur, l'appétit, le sommeil». (*Le Soleil*, 14 février 1997.) Les comportements inhabituels d'une personne qui «monte en amour» pourraient s'expliquer ainsi. D'autres scientifiques avancent même qu'il y aurait environ deux cent cinquante substances différentes sécrétées par l'hypothalamus lors d'un coup de foudre. Quelle puissance que ce système hormonal, me direz-vous! Il nous faut le cœur et la tête en bon état pour supporter tous ces bouleversements! Mais, sagement, Albert Jacquard écrit à ce sujet: «Les passions prennent racine dans des sécrétions hormonales, mais elles se développent dans le terreau des rencontres.»

Malgré tout, méfiez-vous, ces fameuses endorphines s'atténuent avec les années de vie commune. Lorsqu'on aime, on fait la synthèse de l'autre et quand l'amour s'effrite, on en fait l'analyse. On s'accroche aux détails… «Tu mastiques trop fort, tu ronfles et tu m'empêches de dormir…» Pourtant, c'est comme ça que nous l'avions connu… quand nos endorphines étaient au plus haut et notre envie de dormir, au plus bas! Dans ces moments creux, rappelons-nous que vivre pleinement consiste à savoir s'adapter constamment tant pour le bonheur que pour le malheur… Un proverbe chinois dit: «Tant que tu ne peux pardonner à autrui d'être différent de toi, tu es encore loin du chemin de la sagesse.» (*R.N.D.*, mars 1998.) Et un autre renchérit: «Qui veut un cheval sans défaut doit aller à pied.» Un petit truc: nos endorphines sont à leur plus haut niveau le matin et diminuent graduellement tout au long de la journée. Prévoyez!

Et le rire dans tout cela? Je dirais que si le meilleur chemin pour communiquer entre deux personnes c'est l'amour, le plus court c'est l'humour. Nous pouvons tous nous accorder pour dire que vivre en couple est une entreprise bien délicate; le quotidien nous montre tant sous notre côté positif que négatif. Ce qui a fait dire à l'actrice Juliette Binoche, lors d'une entrevue télévisée: «Nous avons tous de gros défauts et il faut savoir en rire. Le rire, c'est ce qui relie le corps et l'esprit et ça rend heureux. L'humour c'est le parfum de l'âme.» D'ailleurs, la majorité de la population recherche le sens de l'humour comme qualité première chez l'autre. On raconte que Cléopâtre, qui n'était pas véritablement jolie, a séduit les empereurs romains César et Antoine en les faisant rire. L'humour est donc un aspect essentiel de la séduction et de la vie de couple, et ce sens du rire nous empêche de prendre tout commentaire au premier degré. L'humour nous aide à prendre nos distances et à voir les situations de la vie sous un autre angle. Et lorsque nous rions en groupe, nous rions en étendue et en riant à deux, nous rions en profondeur; c'est qu'il y a eu contact.

Utiliser l'humour dans sa vie de couple est un signe de maturité et de bonne maîtrise de soi. Dans une situation conflictuelle, l'humour est un outil pacifique; c'est faire preuve d'habileté en s'éloignant momentanément de ce qui arrive afin de relativiser la problématique. Le rire est un outil à développer, un outil qui permet de désamorcer la tension et la violence potentielle. Un outil dont on se sert, pour commencer, dans les conflits mineurs et qui devient peu à peu une seconde nature, une façon de voir, une philosophie de vie.

Tout est dans le ton utilisé. Le ton est même plus important que le mot. À ce sujet, mon frère, qui est comédien, me racontait que, lors d'une tournée théâtrale en Russie, il parvenait, en français, à faire rire et pleurer les enfants russes qui venaient aux représentations.

Alors, souvenez-vous-en, désarçonner son conjoint par une blague vaut mieux qu'une confrontation de cris et de pleurs. Si votre femme vous fait remarquer votre calvitie et que vous vous sentez blessé, répondez simplement: «Quand la forêt recule, la civilisation avance!» Il y a tout à parier que cette situation de crise éventuelle finira par un fou rire… Lorsqu'on s'accepte tels que nous sommes, la vie de couple a beaucoup plus de chance d'être harmonieuse.

Et quand on s'aime soi-même, l'agressivité se dissipe et laisse place à la liberté, à la non-dépendance envers l'amour des autres. Cette nouvelle liberté intérieure ne peut que déteindre sur notre attitude envers l'autre… «Si tu aimes quelqu'un, laisse-le libre; s'il te revient, c'est qu'il t'appartient.» (Anonyme) Là est le mystère des rencontres, de l'amour. L'amour ne se domestique pas, il s'apprivoise; l'amour ne se possède pas, il se vit. Ainsi, il est possible de vivre une relation de couple stable et satisfaisante sans être à la recherche de quiconque et de croiser soudain sur sa route une personne qui remette tout en question. Une rencontre du «troisième type». Ces hasards doivent-ils avoir lieu, sont-ils inscrits dans le temps et dans l'espace? Marguerite Yourcenar dit: «Tout vient de plus loin et va plus loin de nous. Autrement dit, tout nous dépasse, et on se sent humble et émerveillé d'avoir été ainsi traversé et dépassé.» Quelle puissance que ces énergies qui s'activent, se croisent et se mélangent! Un ami m'a raconté que ça lui est tombé dessus comme un orage d'été, à un moment où il ne s'y attendait pas du tout.

Il faut certainement beaucoup d'imagination à un couple pour vivre un quotidien agréable et ne pas tomber dans la monotonie et l'ennui. Il lui faut aussi du temps pour s'aimer. Personne n'échappe à l'usure des jours qui passent, et beaucoup de vigilance est nécessaire pour stimuler l'intérêt de part et d'autre. La vie à deux est une démarche fragile qui a besoin et mérite d'être entretenue. Dans ce domaine, il n'y a pas de recettes ni de solutions miracles. Chaque individu a sa propre idée du couple idéal, et chaque personne impose ses limites. Une femme mariée m'a déjà raconté être au courant de la relation de son mari avec sa maîtresse depuis cinq ans. Lorsque celui-ci a cessé cette relation, elle s'est mise à angoisser, en se demandant qui serait la prochaine. Lorsqu'on évolue toujours à l'intérieur de son couple, c'est un signe de bonne santé quel que soit l'arrangement. C'est lorsqu'on stagne que c'est malsain. Il faut alors réagir. Une autre femme me disait: «Il faudrait peut-être une aventure à mon mari, ça le rendrait de meilleure humeur.» Voyez, ces femmes étaient heureuses de l'entente implicite entre leurs maris et elles; elles y tiraient aussi certains avantages.

Un couple, c'est un projet à long terme. Paule Salomon, dans son livre *La sainte folie du couple*, a établi qu'il y avait sept stades dans l'évolution d'un couple, des stades qui révèlent «étape après étape un autre visage de l'amour».

Le premier stade du couple, c'est le stade matriciel, le premier couple amoureux, celui qui s'aime instinctivement. Dans ce couple, l'être est enfermé dans une bulle heureuse, mais inconsciente.

Le deuxième stade, c'est le stade patriarcal. Il y a émergence dans le couple du besoin de liberté individuelle. «À la faveur de cette distance nécessaire, la peur de l'autre, […] réapparaît et favorise l'apparition du rapport de force.» Qui domine qui?

Le troisième stade est certes le plus critique et la plupart des couples qui se séparent le font à ce stade. «En fait d'intimité, le couple n'est que lutte: tu es mon ennemi, seule ta défaite va me permettre d'exister.»

Le quatrième stade est celui du couple qui parvient à prendre un peu de distance dans ce processus passionné et destructeur. La question posée ici est: comment sauver notre couple?

Le cinquième stade n'est pas vécu par tous les couples. Si l'homme était dominant au deuxième stade, c'est la femme qui le deviendra à ce stade-ci. Cette inversion des rôles est toujours bénéfique: l'homme se féminise et la femme se masculinise.

Le sixième stade est celui de deux êtres qui sont au-delà de l'antagonisme des sexes et qui explorent leurs limites et leurs forces.

Enfin, **le septième stade**, c'est l'aboutissement, c'est le couple éclairé! Évidemment, ce processus en est un de longue haleine qui demande plusieurs années d'engagement. On peut passer plusieurs années à un même stade et seulement quelques mois à un autre. Le couple éclairé est une récompense méritée, mais qui parfois se fait attendre!

Aussi mystérieux qu'il puisse être, je crois au couple, car y a-t-il une force plus grande et plus belle qu'un couple en harmonie? Et dans les souvenirs et le cœur de ces couples, y a-t-il un jour plus heureux que celui de leur rencontre? Ce premier contact ne s'oublie pas, même les moindres détails demeurent indélébiles dans nos esprits. Cette magie des premiers temps aide même à surmonter les creux et les difficultés qui surviennent dans une relation conjugale.

Depuis plusieurs années, je rencontre beaucoup de personnes dans divers milieux de la société afin de les inciter à réintégrer le rire et l'humour dans leur quotidien. J'ai pu me rendre compte de la grande solitude et de l'isolement que vivent plusieurs d'entre elles. Rire seul c'est possible, mais à deux, c'est beaucoup mieux! Toutefois, plusieurs me disent: où et comment rencontrer quelqu'un?

L'idée m'est donc venue de demander à des couples de me raconter leur première rencontre amoureuse. Tous ont eu beaucoup de plaisir à se remémorer comment ils se sont rencontrés. Toutes les histoires relatées ici sont authentiques et continuent, pour la plupart, de se vivre. Il aurait été impossible pour moi d'imaginer des rencontres aussi intéressantes. Chacune d'elles est différente, unique. Je me suis rendu compte qu'il n'y a pas de lieu, de façon spécifique pour la rencontre amoureuse. Je souhaite que ce livre stimulera l'imagination de ceux qui sont à la recherche de l'autre et fera revivre de beaux souvenirs à ceux qui sont en couple.

Paule Salomon dit encore: «Le plus grand espoir c'est de ressentir qu'en tout être, même le plus désespéré, le plus détruit, il subsiste un noyau intact, inaltérable, qui peut échanger, rire, sourire, ressentir, aimer. Contacter ce noyau inaltérable, c'est développer une profonde racine de confiance à l'intérieur de soi. Paradoxalement, à travers le jeu des rencontres, il s'agit toujours de devenir d'abord un bon compagnon pour soi-même.»

C'est ce qu'il faut garder en tête à la lecture de ce livre…

TÉMOIGNAGES

**Au moment de leur rencontre,
Ève avait 19 ans et Louis, 22 ans.**

Ève

Ça ne faisait même pas une semaine que j'étais abonnée à Internet. C'était nouveau pour moi et je «pitonnais», je parlais avec toute sorte de monde. À un moment donné, c'est écrit: «Je suis un type de Québec.» Au début, on se pose toujours les mêmes questions: quel âge as-tu?, que fais-tu? et blablabla… Je lui ai donc posé donc les questions traditionnelles et il m'a répondu qu'il habitait sur une ferme à l'île d'Orléans. Coïncidence, mon père habite justement là, à Saint-Jean. Autre coïncidence, je travaille alors dans un terrain de jeux et son neveu aussi. Il a parlé de cela à sa belle-sœur, elle s'est souvenue de moi. Pendant trois semaines, tous les soirs, on s'est parlé sur Internet. Puis, on a décidé de se rencontrer. On s'est donné rendez-vous chez lui. Ce n'était pas vraiment prudent de ma part, car sur Internet, certaines personnes inventent des histoires…

Donc, j'arrive chez lui, un peu stressée. J'avais vu une photo de lui, mais il ne se ressemblait pas. En personne, je l'ai trouvé beau et j'ai pensé qu'on irait bien ensemble. Ça s'est réalisé, puisque nous sommes ensemble depuis un an. On a parlé sans se dire comment on se trouvait. On continue encore à se parler sur Internet, plus qu'au téléphone. Nous sommes habitués à cette façon de communiquer et il me semble que c'est plus facile de donner nos impressions, de se parler ainsi. Sur Internet, il n'y a pas de temps morts et pas de gêne.

Louis

Je l'ai rencontrée sur Internet. J'avais aperçu un nom de personne qui venait de Québec. Elle m'a demandé ce que je faisais et je lui ai répondu que je travaillais, pendant mes vacances d'été, sur une ferme laitière à l'île d'Orléans. C'est alors qu'elle m'a dit que son père a une maison de campagne sur l'île et on s'est rendu compte que c'était à cinq minutes de distance. Mais à ce moment-là, ce n'était pas dans nos intentions de se rencontrer. Plus on parlait, plus on se rendait compte que ça cliquait sur bien des affaires. On pensait de la même manière. Plus ça allait, plus on s'intéressait l'un à l'autre, et là, on a décidé de se rencontrer.

Elle est venue me voir un vendredi soir. Lorsque je l'ai vue, j'ai été agréablement surpris. Je n'avais pas eu de photo d'elle. Elle s'était décrite physiquement, mais je sais que sur Internet c'est souvent trompeur, que la personne ne correspond pas toujours à la description qu'elle fait ou à la photo qu'elle envoie.

Le premier soir, on a regardé la télé, on a joué à des jeux de société et ça s'est terminé vers 4 ou 5 h du matin. Nous étions bien ensemble. Les trois ou quatre premières rencontres se sont terminées très tard. On ne voulait plus se lâcher. Mais c'est vraiment vers la troisième rencontre que ça a cliqué.

Aujourd'hui encore, on continue de se parler sur Internet. Je préfère cela au téléphone parce qu'on peut faire deux ou trois choses en même temps: regarder la télé, écouter de la musique, faire de la recherche, lire aussi. Le téléphone accapare trop. Internet permet aussi de dire plus de choses qu'en personne, surtout au début. On est moins gêné de poser des questions, de dire à mesure ce qu'on a sur le cœur au lieu d'accumuler et d'exploser...

**Au moment de leur rencontre,
Marie avait 48 ans et André, 57 ans.**

Marie

J'ai rencontré André par télérencontre. Cela faisait un an que j'utilisais ce moyen pour essayer de rencontrer quelqu'un. Un bon soir, je me suis dit que j'allais arrêter de le faire, j'étais tannée, je n'avais rencontré personne d'intéressant. J'écoute quand même mes derniers messages et en trouve un particulièrement beau venant d'un certain André. Je prends contact avec lui et on se donne rendez-vous dans un restaurant le lendemain. Son message m'avait plu, mais l'avoir rencontré était encore mieux.

En se parlant toute la soirée, nous nous sommes trouvé bien des affinités. Il me plaisait beaucoup et, au moment de se quitter, il m'a dit qu'il me rappellerait le lendemain. Je ne le croyais pas, car bien d'autres me l'avaient promis sans jamais le faire. À ma grande surprise, il m'a téléphoné… Et depuis, notre histoire continue. Je pense que nos messages étaient clairs au départ, nous savions que nous voulions à peu près les mêmes choses. Je ne lui trouve pas de défauts, il me gâte et je suis très heureuse.

André

J'ai rencontré Marie par le biais de télérencontre. Ça faisait six mois que j'écoutais des messages. Un beau jour, après avoir écouté son message à deux ou trois reprises, j'ai décidé de lui téléphoner pour la rencontrer. Tout de suite, elle m'a plu, son physique, tout… Je dois dire que je n'avais pas d'attente. Nous avions beaucoup de points communs. Il vient un temps où les goûts, les affinités sont plus importants que les critères physiques. Dès le premier soir, j'ai eu pour Marie le coup de foudre. Nous avons tellement parlé que nous avons fermé le restaurant! On s'est revus deux jours plus tard. Nous nous entendons à merveille. C'est la première fois que cela m'arrive. Il faut être bien motivé pour rencontrer quelqu'un; je connais pas mal de personnes qui utilisent la télérencontre depuis longtemps sans quoi que ce soit d'intéressant leur arrive. C'est qu'ils ne sont pas prêts.

LA RENCONTRE VIRTUELLE

… Je n'ai qu'une chose à craindre
C'est pas d'pas être aimé
Je n'ai qu'une chose à craindre
C'est la panne d'électricité.
Luc De Larochellière

Internet – Une nouveau moyen de rencontre.

Un vieil ami marié depuis vingt ans m'a raconté qu'il se sentait un peu seul, car sa femme passait une grande partie de son temps devant son ordinateur. Je l'ai rencontré quelques mois plus tard et il m'a annoncé que sa femme l'avait quitté… Elle avait trouvé un nouvel amoureux par le biais d'Internet!

La rencontre virtuelle semble plus facile, car elle ne nécessite qu'une machine à sa portée. Elle nous implique moins sur le plan émotionnel par la distance qu'elle met entre ses interlocuteurs. Elle offre anonymat et protection, lève nos blocages et encourage les plus timides à lier connaissance.

Méfiez-vous de la personne que vous connaissez si bien qui ne sort pas, un tant soit peu négligée avec ses pantoufles et ses petites lunettes rivées sur l'écran de l'ordinateur! Elle semble si sage… N'est-elle pas en train de draguer?

Vraiment, on n'est plus sûr de rien! La machine peut devenir votre plus grande rivale. En cas de doute, n'hésitez pas… coupez le courant!

La vieille fille entre dans une agence matrionale et dit: «Je cherche un mari agréable, instruit, qui puisse aussi bien parler que chanter, danser ou raconter des histoires. Mais je veux aussi qu'il reste à la maison et qu'il se taise, s'il commence à me fatiguer.» «Je vois, dit l'employé, ce qu'il vous faut, c'est un téléviseur.»

* * *

Johanne et Mireille jasent dans un café. Mireille demande: «Parles-tu avec ton mari après avoir fait l'amour?» Johanne lui répond: «Ça dépend si j'ai mon cellulaire avec moi!»

**Au moment de leur rencontre,
Mireille avait 44 ans et Alain, 45 ans.**

Mireille

J'ai rencontré Alain pour la première fois, chez lui, pour un renouvellement de carte de membre pour un parti politique. Je le trouvais gentil, beau garçon et agréable. On a bavardé et je lui ai dit que j'avais découvert un nouveau café très sympathique. Une semaine plus tard, c'est là que je l'ai revu. Il m'a invitée à m'asseoir à sa table, il était seul. Nous avons bu un peu de vin et beaucoup parlé, je n'avais plus envie de le quitter. Ce n'a pas été le coup de foudre. Je le trouvais sympathique et nous avions beaucoup de points communs. Trois jours plus tard, je l'ai invité à dîner chez moi. Tout était facile avec lui, il m'aidait à préparer le repas et j'avais l'impression de continuer quelque chose qui n'avait pas encore commencé. Je sentais qu'il était plus entiché que moi, mais aussi que c'était un homme pour moi.

Un sentiment commençait à naître, sa douceur venait me chercher. L'évolution de notre rencontre était différente de tout ce que j'avais connu jusque-là. Un grand respect et l'amour se sont installés entre nous.

Alain

J'ai rencontré Mireille pour la première fois chez moi pour le renouvellement de ma carte politique dont je ne vous dirai pas le nom!

Ça s'est passé quand je l'ai vue… Je la trouvais très jolie, une belle personnalité, de l'entregent. Elle dégageait beaucoup… J'avais vraiment le goût de la revoir et je me demandais si elle était libre.

Elle m'avait dit fréquenter un nouveau café, j'ai pris ça pour une ouverture… J'y suis allé et, en effet, je l'ai revue. Je la trouvais aussi belle et souriante que la première fois, nous avons jasé toute la soirée, bu du vin et tout cela a réactivé mon cœur.

Ma rencontre avec Mireille a été presque un coup de foudre. Ce sont des choses qui n'arrivent pas souvent dans une vie.

Peu de temps après, elle m'a invité à souper chez elle. J'ai remarqué que nous avions le goût pour les mêmes lectures, la même musique et les mêmes sujets d'intérêt comme les pyramides d'Égypte. Il arrive souvent qu'elle lise dans mes pensées. Je lui dis d'ailleurs: «Comment veux-tu que j'aie une maîtresse? Tu le devinerais tout de suite…» Nous rigolons beaucoup. Nous sommes sur la même longueur d'onde, ça va très bien. Nous nous faisons confiance et laissons faire les choses, sans forcer.

LA SOLITUDE

On ne tombe pas dans la solitude,
on y monte parfois.
Anonyme

Il y a une différence entre la solitude et l'isolement. Dans la solitude, on entend choisir ou subir de vivre seul. L'isolement en est la souffrance.

Certains cherchent des échappatoires dans la consommation abusive de drogues, de médicaments ou d'alcool. Déconnectés d'eux-mêmes, dépendants de ces substances, ils ne se donnent pas la chance de développer leurs forces intérieures. Affaiblis du corps et de l'esprit, ils subissent pleinement le manque de l'autre.

Si la vie à deux effraie, la peur d'être seul aussi; pourtant, la solitude bien acceptée peut devenir instructive, et une bonne préparation à un grand amour.

Tant en France qu'à Montréal, une personne sur quatre vit seule. De ce nombre, 60 % sont des femmes. Il n'est pas étonnant que beaucoup de ces personnes s'accompagnent d'un animal afin de suppléer au manque d'amour.

La technologie accentue la solitude. La télévision n'encourage pas le dialogue. Nous passons des soirées entières sans dire un mot. Une génération de muets!

Toutes ces machines prennent déjà tellement de place dans notre vie! S'il est recommandé de rire vingt minutes par jour pour ne pas rouiller notre «risorius» (muscle faisant partie de l'expression du rire), il est tout aussi important dans un couple de se parler au moins une heure par jour, chicanes non comprises.

On rapporte que des vaches, habituées à se laisser traire par la machine, ne supportent plus la main humaine en cas de défaillance technique.

Imaginez-vous qu'un jour nous arrivions à préférer la caresse d'un robot à celle d'un «nu-main»... Assez froid merci!

Deux alcooliques décèdent et se retrouvent deux mètres sous terre. L'un d'eux dit à l'autre: «Il n'y a pas grand-chose de changé, un ver n'attend pas l'autre...»

* * *

Un patient dit: «Docteur, tout le monde me hait.» Et le psychiatre de répondre: «C'est pas possible, monsieur, tout le monde ne vous connaît pas encore...»

**Au moment de leur rencontre,
Gérald avait 38 ans et Nicole, 37 ans.**

Gérald

Je l'ai rencontrée au bureau un lundi matin, c'était sa première journée de travail. En sortant de l'ascenseur, je tombe face à face avec elle. Je la connaissais de vue, car elle demeurait dans une rue voisine. Elle m'a demandé: «Que fais-tu ici?» et je lui ai répondu: «Que fais-tu là?» Ça a commencé comme ça.

Nous prenions notre pause-café ensemble. J'étais membre dans un club sportif, on se rencontrait là aussi. On ne peut pas dire que j'ai eu le coup de foudre. Elle oui, elle avait eu un malaise, je pensais qu'elle était malade. Ce n'était pas cela. Ce malaise était un coup de foudre amoureux, et cela m'avait flatté terriblement. Qu'une femme ressente ça pour soi alors que l'on ne se donne pas de grandes chances avec deux adolescents (elle en avait aussi trois). Elle m'intéressait aussi, disons que l'amour s'est installé avec le temps. Après huit mois, j'étais certain de mon amour pour elle. Nous nous sommes fréquentés pendant trois ans avant de vivre ensemble dans la même maison. Nous avions à nous deux cinq adolescents, donc un temps nécessaire afin de nous apprivoiser les uns les autres.

Nicole

Quand je l'ai remarqué pour la première fois, il faisait du jogging devant ma maison. Je me suis dit: «Si cet homme était seul, ce serait pas pire.» C'est resté comme cela. Je ne savais rien de lui. Deux ans plus tard, je le rencontre par hasard dans le corridor de mon nouveau travail et nous nous sommes reconnus. Il faut dire qu'il ne demeurait pas très loin de chez moi. On s'est parlé un peu. Par la suite, mes enfants m'ont dit qu'il vivait seul. Je me suis dit: je vais me dépêcher à faire les premiers pas, il ne le restera pas longtemps...

Quand je l'ai revu au travail, je m'arrangeais pour lui parler et j'ai appris que nous étions inscrits au même centre sportif. Je l'ai invité à jouer au badminton. En arrivant au centre, il n'y avait plus de place pour jouer, on s'est assis pour parler et c'est à ce moment-là que j'ai ressenti le coup de foudre et je suis venue proche de m'évanouir, c'est vrai et ce n'est pas parce que je veux en rajouter. Deux semaines plus tard, on s'est revus chez moi pour dîner, c'était presque la Saint-Valentin, il m'avait apporté des fleurs et du champagne. Ça n'a pas été long, on s'est retrouvés au lit avant de commencer le repas.

Il doit y avoir un destin quelque part, car je ne m'attendais pas du tout à travailler au même endroit que lui. Quand on a à se rencontrer...

**Au moment de leur rencontre,
Louisette avait 26 ans et Robert, 23 ans.**

Louisette

J'étais seule depuis deux ans, ma solitude me pesait. J'ai lu quelque part que l'on pouvait visualiser et écrire les caractéristiques de ce que l'on désirait comme compagnon de route pour attirer la rencontre. C'est ce que j'ai fait. J'ai donc écrit sur une feuille les qualités que je recherchais chez quelqu'un; par exemple, l'humour, le sens des responsabilités, la générosité, etc. J'ai dessiné aussi un physique d'homme, grand avec des yeux et des cheveux bruns, au teint basané.

Un jour, des amis m'ont invitée à passer la soirée chez eux. On m'a présentée au groupe. Arrivée à Robert, j'ai reconnu instantanément la personne que j'avais visualisée. Je l'ai trouvé beau comme un cœur. Ce fut le coup de foudre. Très ébranlée, je l'ai salué et j'ai craint en même temps qu'il entende les battements de mon cœur.

J'avais les jambes molles, le cœur qui voulait me sortir de la poitrine. Je me souviens avoir dit des paroles incohérentes. C'est comme si un Cupidon invisible s'était approché de moi et, avec sa flèche, m'avait injecté une substance dont j'ignore la nature, dans mon corps et dans mon cœur.

Après cet instant, j'ai compris qu'il était trop tard. Cupidon avait fait son œuvre. Je souffrais de la maladie d'amour. Comment faire pour m'en libérer si je ne lui plaisais pas? Tout à coup, je me suis mise à angoisser et, effectivement, durant la soirée, il m'a à peine regardée. Vers la fin de la soirée, un fauteuil s'est libéré près de moi. Il est venu s'asseoir à côté de moi et a engagé la conversation. Cet homme m'avait hypnotisée, car je ne me souviens plus de ce que nous avions parlé.

Une semaine a passé, il m'habitait constamment. Je m'endormais et me réveillais avec lui. De plus, j'essayais de me trouver des moments libres pour le seul plaisir de l'imaginer et de penser à lui. Cet état m'apportait un immense bonheur.

Quelques jours plus tard, il m'a téléphoné pour m'inviter à une partie de sucre, et ce fut le début de notre amour... Sucré!

Robert

Je sortais avec plusieurs filles en même temps. J'aimais ma situation d'homme libre. Je dois avouer que j'étais plutôt joli garçon et je n'avais aucune difficulté à me trouver une blonde. Malgré mes nombreuses amies, aucune n'avait réussi à me toucher le cœur. Un jour, des amis m'ont invité chez eux. On m'a présenté aux gens que je ne connaissais pas et parmi eux, il y avait Louisette. Quand je l'ai vue, il ne s'est vraiment rien passé, elle n'était pas mon genre physiquement. Vers la fin de la soirée, alors que la plupart des invités étaient partis, je suis allé m'asseoir à côté d'elle et nous avons commencé à bavarder. À mesure qu'elle parlait, je la trouvais de plus en plus intéressante. Elle dégageait une telle douceur, une réelle gentillesse et son sourire illuminait son visage.

Je ne puis expliquer ce qui est arrivé, mais j'ai eu l'impression qu'elle venait me chercher de l'intérieur. Mes amis m'ont donné son numéro de téléphone et, quelque temps plus tard, je l'ai appelée pour l'inviter à m'accompagner à

une partie de sucre. En peu de temps, elle a réussi à me garder pour elle seule. J'ai laissé tomber mes autres amies. Plus
je la connaissais, plus je l'appréciais, et plus je la trouvais
jolie.

LE LANGAGE DES YEUX

Seul un regard peut créer l'univers.
C. Morgenstern

*Jusqu'à quel point le regard d'un être humain
est quelque chose de physique?*
E. Sabato

Toute la gamme des émotions passet par les yeux. Dans la simple expression du regard d'une personne, on peut y déceler ses états d'âme. Il en est le miroir.

Les yeux parlent, ils ont leur langage; l'expression du non-dit est souvent plus précise et nuancée que le verbe. Parfois, les émotions ressenties sont si fortes que les mots ne suffisent pas à les décrire; elles se manifestent d'abord dans les yeux.

Le regard est une fenêtre sur l'invisible. Certains yeux sont d'une telle intensité qu'il est presque indécent de les garder ouverts… Leur couleur et leur forme importent peu dans ce qu'ils dégagent. La lumière, l'éclat, l'intelligence du regard laissent passer la vie, tout comme les regards fixes, vides, éteints expriment le renoncement, l'absence d'énergie, le manque d'enthousiasme et d'intérêt.

Quand on parle du jeu des yeux dans l'amour, c'est qu'ils sont souvent le premier langage utilisé pour se séduire. «Leurs regards se sont croisés…», c'est souvent ainsi que commencent les histoires d'amour.

Il n'y a pas de plus beaux mots d'amour que le regard amoureux.

Mise en garde

Selon une étude effectuée auprès de 658 couples durant 14 ans, il semblerait que le premier signe annonciateur d'un divorce, le plus souvent chez la femme, serait le roulement des yeux.

* * *

L'homme qui perd ses cheveux en avant est un homme qui pense.
Celui qui perd ses cheveux en arrière est un homme intelligent.
Celui qui perd ses cheveux en avant et en arrière est un homme qui se pense intelligent.

**Au moment de leur rencontre,
Jules avait 44 ans et Louise, 32 ans.**

Jules

Chaque jeudi, je me rendais à la banque de mon quartier. J'avais remarqué une jolie brunette aux grands yeux noirs qui y travaillait. Je m'arrangeais toujours pour me faire servir par elle, au prix d'une grande stratégie dans la file d'attente. Je la trouvais vraiment à mon goût, on se parlait toujours un peu, allant même jusqu'à nous appeler par nos prénoms. Mais, dans mon for intérieur, je ne pensais pas qu'elle puisse s'intéresser sérieusement à moi.

Cette brève rencontre me nourrissait pour la semaine. Je pensais à elle tout le temps. C'est étrange la sensation constante que l'on ressent quand quelqu'un nous plaît. C'est là, on n'y peut rien. Je me suis demandé combien de temps peut-on rester dans cet état quand la personne aimée ne répond pas à son amour. Je me souviens d'avoir angoissé. Curieusement, c'était la première fois que je manquais à ce point de confiance en moi pour conquérir une femme.

Un peu découragé, me demandant si je ne devais pas changer de banque (!), j'en ai parlé à une bonne copine, qui m'a poussé à aller plus loin. J'ai pris mon courage à deux mains et la semaine suivante, je l'ai invitée à venir prendre un verre au petit bar du coin. J'ai été étonné qu'elle accepte aussi facilement.

Au fameux rendez-vous, j'ai pris soin d'arriver en avance et d'ingurgiter deux verres pour me détendre. Nous avons passé un très bon moment, et je la trouvais plus décontractée que derrière son comptoir. De plus, elle était ravie d'apprendre que j'avais des enfants. Quelques mois plus tard, nous faisions vie commune et toute la petite famille s'est très bien entendue.

Louise

Je travaillais comme caissière dans une banque. Chaque jeudi, je voyais Jules qui venait faire ses transactions. C'était un beau garçon poli et très gentil. La communication était si facile avec lui que je me surprenais à l'appeler par son prénom. Il m'intriguait et, chaque fois, j'essayais d'en savoir un peu plus. Il commençait à me plaire énormément. J'avais très hâte de voir arriver le jeudi. Croyez-moi, je me faisais particulièrement belle cette journée-là.

Après deux ou trois mois de brèves rencontres hebdomadaires, je sentais que je lui faisais de l'effet. Son sourire et le brillant de ses yeux m'en disaient long. Un bon jeudi, il m'a invitée à aller prendre un verre. Tout émue, j'ai prononcé un oui discret pour ne pas me faire entendre de mes collègues. Quand je suis arrivée, Jules était déjà là. Nous avons passé la soirée à rire et à discuter. Il m'a appris qu'il était divorcé, père de trois enfants. Moi qui n'avais pas d'enfant, cela m'a réjouie. Nous nous sommes revus deux jours plus tard, puis régulièrement. Peu de temps après, j'ai emménagé chez lui avec deux de ses enfants.

**Au moment de leur rencontre,
Denise avait 22 ans et Gaston, 29 ans.**

Denise

Ça faisait plus d'un an que je n'avais pas de *chum*. Les hommes, j'avais banni ça de ma vie. J'avais eu une peine d'amour et je les avais tous mis dans le même sac; pour moi, c'était «tous des pareils».

J'étais la plus vieille de la famille et un homme m'a demandé de venir aider sa femme qui venait d'avoir un bébé. Ils avaient cinq enfants. Ma mère ne voulait pas me laisser partir, elle avait besoin d'aide car nous étions dix enfants à la maison. Je lui ai donc dit: «Mais, maman, laissez-moi y aller, car tout à coup je rencontrerais mon *chum*, l'homme de ma vie, à Grondines, on ne sait jamais.» J'y suis allée! Pendant une semaine, j'ai aidé la dame avec ses enfants et fait le ménage. Eux, ils trouvaient que c'était bien épouvantable que je n'aie pas de *chum*. Son mari me taquinait tout le temps et il croyait que j'avais dix-sept ans, puisque j'avais demandé la permission à ma mère. Je lui répondais toujours que personne ne voulait de moi et que lorsque j'allais veiller, j'étais seule et bien comme ça! Il faut se rappeler qu'à l'époque, toutes les filles se plaçaient le long du mur de la salle de danse et attendaient d'être choisies. Il était très mal vu de demander un homme à danser. Ça le faisait fuir, et la fille passait pour une «sans valeur».

Un jour, l'homme pour qui je travaillais m'a dit qu'il connaissait un homme dans le coin qui était seul et qui ferait un bon mari. Le vendredi arrive et on va manger une crème glacée à la *Petite Vache*. Et là, j'vois Gaston avec sa voiture, la patte sur le *bumper*. C'est lui qu'on voulait me présenter. Ça faisait longtemps que je le connaissais, je l'avais remarqué aux soirées de danse, il me plaisait bien. Il était tellement gêné, il dansait presque pas et quand il demandait une femme à danser, si elle refusait, il retournait au bar et y restait. Moi, j'aime danser comme une folle. J'étais toujours dans la salle et lui ne m'avait jamais vue.

Alors, j'ai dit au monsieur qui m'engageait: «Ce gars-là, il n'est pas du genre à courir après une fille, il va se sauver, il va faire comme mes frères lorsqu'une fille court après eux: OK pour la veillée et le lendemain, *bye-bye*!» Alors, il m'a répondu: «Si tu veux, je peux lui demander d'aller te reconduire chez vous à ma place?» Et c'est comme ça que tout a commencé…

Gaston

Je l'ai vue pour la première fois à la *Petite Vache*. Elle venait souvent aux veillées, mais je ne l'avais pas remarquée. Un samedi, je suis allé chez elle la chercher pour aller veiller à Saint-Alban et pour aller aux «vues». Je la trouvais à mon goût, je la trouvais belle. Elle avait tout pour me plaire: son discours, son physique, tout! Et un beau sourire en plus! On s'est fréquentés pendant deux ans et demi et un bon matin, on s'est mariés!

L'EFFET DES ENDORPHINES

La rencontre entre deux êtres ressemble
au contact entre deux substances chimiques;
en cas de réaction, les deux sont transformés.
Carl Jung

Nous parlons de ces substances naturelles euphorisantes qui envahissent le cerveau de deux êtres «montés en amour» telles que les amphétamines et les endorphines.

Combien de temps agissent-elles? Les couples rencontrés m'ont dit qu'en moyenne, cet état de grâce variait de un à six mois. Certains ont parlé de deux à cinq ans. D'autres ne comptent pas en fonction du temps, mais plutôt en fonction du changement de situation. Ainsi, quelques-uns ont avoué que cet état durait jusqu'au mariage!

À croire que nos jours de passion sont comptés!

Il semblerait que le cerveau ne résiste pas longtemps à la pression de ces drogues naturelles. Et tant mieux, car il faut avouer que bien qu'elles soient très agréables, elles altèrent nos sensations et la réalité.

Voyons jusqu'où peut-on aller sous leurs effets.

Une des femmes interrogées m'a dit: «Mon conjoint déteste suprêmement faire le ménage et ne le fait jamais… Pourtant, quelques mois après notre rencontre, il a pris congé pour venir m'aider à déménager, car je ne pouvais pas m'absenter de mon travail. Il est resté une semaine dans mon appartement, croyez-le ou non, à nettoyer, à gratter et à récurer le réfrigérateur, le four, les fenêtres et les planchers! Je l'avais presque épousé pour cela…»

Une autre: «Je voulais tellement l'attirer dans mes filets qu'au début, je supportais qu'il consomme cigarettes, drogue et alcool. Je lui disais que ça ne me dérangeait pas du tout. Quelque temps plus tard, une fois les endorphines estompées, je ne pouvais plus supporter son comportement. Je l'ai aidé à abandonner ses mauvaises habitudes, ça passait ou ça cassait, je ne lui ai pas donné le choix…»

Un homme: «Je suis sportif, j'aime beaucoup les sports d'hiver: ski, patins, hockey… Quand j'ai rencontré ma blonde, j'étais aux anges, car elle prétendait aimer tout ce que j'aimais: la vie au grand air, la nature. Nous avons fait des sports ensemble et, curieusement, je ne la trouvais pas très bonne compte tenu de ses soi-disant années de pratique! J'ai constaté quelque temps plus tard que ces randonnées sportives l'intéressaient de moins en moins, voire plus du tout, proportionnellement, d'ailleurs à la montée, à la gloire et au déclin des endorphines…»

La liste aurait pu s'allonger indéfiniment…

Est-ce que le déclenchement de ces fameuses hormones serait un attrape-nigaud, un piège utilisé par la nature pour favoriser le rapprochement de deux êtres?

Il ne faut oublier que nous sommes programmés par Dame Nature pour nous reproduire.

Leurs effets s'estompent avec le temps et c'est bien ainsi, puisque tôt ou tard l'on finit par se montrer sous son vrai jour. Comme dit le proverbe: «Chassez le naturel, il revient au galop…»

Disons que c'est à partir de ce moment que le vrai travail de couple commence, la réalité!

Dans les premiers temps où deux personnes sont ensemble, leurs cœurs sont embrasés et leur passion immense. Dans un second temps, la flamme baisse et les sentiments couvent à petit feu. Les amoureux continuent de s'aimer, mais d'une autre façon – chaleureuse et confiante.»

(Extrait de *L'histoire naturelle de l'amour*.)

On ne construit rien sous l'effet de ces substances, cependant, avouons que ces états sont magiques. C'est la raison pour laquelle plusieurs recherchent ces sensations fortes en permanence qu'ils prennent pour de l'amour. Ils en deviennent dépendants autant que de n'importe quelle drogue artificielle.

Si nous prenions conscience que nous sommes dominés par la nature au début de la relation amoureuse et qu'il est normal qu'elle se transforme en cours de route, nous accepterions mieux la descente et l'atterrissage vers la réalité quotidienne de son couple sans vouloir tout jeter en l'air et redécoller incessamment vers les nuages.

Qui on épouse n'a guère d'importance. Le lendemain matin, on trouvera toujours que c'est quelqu'un d'autre...

* * *

Sébastien et France sont dans un club de vacances et décident d'essayer de faire du cheval. Sébastien dit:
— Mais, France, t'es assise à l'envers sur ton cheval!
— Mêle-toi donc de tes affaires, tu ne sais même pas dans quelle direction je veux aller...

* * *

Réjean dit à sa femme: «Chérie, je ne sais pas ce que je ferais si tu n'étais pas là!» Et elle de lui répondre: «Tu ferais le ménage!»

**Au moment de leur rencontre,
Yvon avait 47 ans et Lizette, 39 ans.**

Yvon

J'ai rencontré Lizette à un moment où j'étais déprimé. Mes relations avec mon ex-conjointe étaient terminées et je me demandais si la vie avait encore un sens. Par un heureux hasard, je prenais un verre dans un restaurant quand tout à coup, j'aperçus une jolie femme entrer. Elle passa tout près de moi et immédiatement, je sentis comme un éclair. Il y avait un musicien dans ce restaurant et je lui demandai de m'accompagner pour chanter une chanson que je dédiais à cette belle inconnue. Chanson dont voici les paroles: «Le fond du plus grand océan, les montagnes et la fureur des torrents, sont petits, petits à côté de l'amour que j'ai pour toi.»

Je savais que le contact venait de se produire, j'étais branché. Je pense qu'à vingt ans, c'est plus difficile de saisir ces états. À l'approche de la cinquantaine, on saute des étapes et c'est ce qui est arrivé.

Après la chanson, je lui envoyai à sa table un poème pour lui dire que depuis plusieurs mois, je n'avais pas vu briller le soleil comme je le voyais maintenant. Cela dut la toucher, puisqu'elle accepta de danser avec moi et m'invita à m'asseoir à sa table. J'eus vraiment un frisson de chaleur. J'ai su immédiatement que ça allait fonctionner entre nous.

Il est certain qu'il faut croire à l'amour. Il est à notre porte, il s'agit d'être sensible à ses vibrations, d'y croire et de l'accueillir. L'amour est un sentiment de bien-être à la portée de tout le monde: riches et pauvres, jeunes et vieux. Je crois que la nature est bien faite, j'avais une attirance pour la mer et Lizette était gaspésienne. Je l'appelle «ma fée du golfe». J'ai trouvé en elle des qualités qui rejoignaient ce que je cherchais. Après quelques déceptions amoureuses, on sait mieux ce que l'on veut.

Pour que cela fonctionne dans un couple, les personnalités de l'un et de l'autre doivent être compatibles. Ajoutons à cela des concessions. C'est souvent difficile entre membres d'une même famille, ça l'est bien plus dans un couple où deux étrangers s'affrontent. On ne change pas de personnalité en cours de route, il faut vraiment être compatible, c'est la clé du succès.

Je souhaite à tout le monde de vivre un grand amour. Ça vaut mieux que tout l'or du monde.

Lizette

J'étais dans un restaurant quand, tout à coup, un bel homme se lève et se met à chanter tout en me regardant. Il m'a tout de suite séduite et je l'ai invité à s'asseoir à ma table. Tout en lui parlant, j'ai découvert un homme brillant, sensible, sympathique et je me suis sentie très à l'aise en sa présence. Je trouvais qu'il avait toutes les qualités que je cherchais chez un homme. D'ailleurs, je ne lui trouve toujours pas de défaut au bout de dix ans de vie commune…

LES MOTS D'AMOUR

*Le silence est le chemin qui mène au cœur, le mutisme,
c'est la personne qui s'entête à ne pas parler.*
Anonyme

Des mots, des mots… oui, mais des preuves!
Kikou

Paroles… Paroles… Paroles…
Dalida

Lors d'un salon où je présentais mon livre *La rigolothérapie*, une dame s'est approchée de moi et m'a dit: «Mon mari n'est jamais drôle, il passe son temps à se nourrir des mauvaises nouvelles des journaux et de la télévision.» Puis, elle a ajouté: «Pourquoi ne me parle-t-il pas d'amour?»

Qui n'aime pas se faire parler d'amour? Pour plusieurs, l'amour est une émotion difficile à exprimer. Pourtant, il est aussi important de communiquer nos émotions que de voir, d'entendre ou de sentir. Les femmes reprochent souvent aux hommes leur incapacité à parler de leurs émotions. Chose curieuse, ma belle-sœur d'origine française me dit que dans

son pays, il en est autrement: les hommes disent plus facilement les mots d'amour, mais aussi n'en finissent plus de parler d'eux, de leurs doutes, de leur fragilité et de leurs états
d'âme… Est-ce mieux?

Peut-être qu'à mi-chemin entre le Québec et la France,
dans l'archipel des Açores ou les îles Mouc-Mouc, il se trouve
des hommes ayant un juste milieu!

Mais encourage-t-on suffisamment son conjoint à s'exprimer? Par exemple:

Lui: *Chérie, tu es belle et je t'aime…*

Elle: *Pourquoi tu ne me le dis jamais!!!* Ou encore: *Tu as
quelque chose à te faire pardonner ou à me demander?*

Il est prévisible qu'il en dira de moins en moins si chaque
mot d'amour entraîne une litanie de reproches!

Les mots d'amour sont comme les cadeaux: il faut savoir
dire merci!

*Une femme dit à son mari: «Chéri, notre copain
Réal a beaucoup de volonté, il a cessé de fumer du
jour au lendemain.»*
*Son mari répond: «Je vais te montrer aussi que j'ai
beaucoup de volonté. À partir de ce soir, nous ferons
chambre à part.»*
*Quelques jours plus tard, un soir, il entrevoit sa
femme par la porte de la chambre qui lui dit: «Tu
sais, chéri, Réal a recommencé à fumer…»*

Chaque soir en rentrant de travailler, Normand n'a pas fermé la porte que sa femme lui fonce dessus pour lui raconter toutes les calamités de la journée. Un soir, il craque: «Écoute, chérie, laisse-moi au moins le temps de m'asseoir et de souper avant de parler de tous ces désastres!»

Le lendemain, sa femme l'accueille avec ces mots: «Dépêche-toi de souper, Normand. J'ai quelque chose d'épouvantable à te raconter!»

**Au moment de leur rencontre,
Dominique avait 40 ans et Réjean, 46 ans.**

Dominique

J'ai entendu parler de Réjean pour la première fois chez des amies, en Bretagne. Je regardais des photos de leurs vacances dans le Maine, quand je m'arrêtai sur l'une d'elles prise avec Réjean. Je le trouvais pas mal du tout. Deux mois plus tard, je partais pour dix jours de congé chez ces mêmes amis dans le Maine. Ils avaient invité Réjean, de Québec, à venir passer la dernière fin de semaine avec nous. Il était très content de faire la fête avec nous et venait accompagné de sa blonde. Vers 18 h ce soir-là, il nous téléphona pour nous dire qu'il était en panne à la frontière des États-Unis et qu'il lui était impossible de venir nous rejoindre. Tout le monde était déçu, même moi qui ne le connaissais pas encore. Et le plus drôle de l'histoire se produit ici. En nous réveillant le lendemain matin, une de mes copines me dit: «Tu vois, je pense que tu viens de rater l'homme de ta vie… À bien y réfléchir, vous avez l'air faits l'un pour l'autre, mais sans doute que ce n'est pas votre heure, il a eu un empêchement, il a une blonde et toi, tu as un *chum* en France.»

J'en reste là, je reviens à Bordeaux et j'oublie Réjean.

Quelque temps plus tard, mes amies me téléphonent et me disent avoir rencontré Réjean à Québec et lui avoir beaucoup parlé de moi. Il était intrigué, m'a trouvée pas mal en me voyant sur des photos. Finalement, elles ont réussi à le convaincre de venir passer une petite semaine en France, en juin!… Je m'amusais beaucoup de la situation, car je ne la prenais pas plus au sérieux que ça. Ma vie à Bordeaux était bien remplie. Côté cœur, ce n'était pas extraordinaire, mais je venais de m'enthousiasmer pour l'achat d'une jolie maison, un vrai coup de cœur. Le jour de la signature de la promesse d'achat, j'étais attendue le soir même en Bretagne pour cette fameuse fin de semaine où je devais rencontrer Réjean…

Cette journée-là, sans le vouloir vraiment, j'ai pris tout mon temps pour me préparer et je suis même arrivée en retard au souper. Réjean était déjà là depuis deux jours! Il était, je crois, très curieux de me connaître. Il y avait une dizaine de personnes autour de la table qui attendaient de voir nos têtes au moment des présentations!

Quand je suis entrée, il s'est tourné vers moi, j'ai pris une grande respiration et je me suis dirigée droit vers lui en disant: «J'ai beaucoup entendu parler de toi!» On a pas mal ri de la situation mais pour tout dire, nous n'étions pas très naturels. On se regardait du coin de l'œil. Ce n'est que le lendemain que nous avons commencé à relaxer et à faire plus ample connaissance. Trente heures après, nous avons échangé notre premier baiser… Ça s'est fait vite, mais on a eu le temps de passer par toutes les étapes: curiosité, intimidation, attirance… On a beaucoup parlé et c'est venu tout naturellement comme une évidence. En prime, il me plaisait beaucoup physiquement et il avait un humour étonnant! Je crois que ni l'un ni l'autre n'avaient d'attente. De mon côté, j'avais plein de nouveaux projets avec ma maison et je me sentais décontractée face au résultat de cette rencontre. C'est arrivé au moment où je ne cherchais personne. J'avais un bon boulot, je m'étais établie dans une région qui me plaisait et voilà, pouf! Réjean arrive et bouleverse tout…

Trois mois plus tard, je me suis installée à Québec et au bout de sept mois, nous nous sommes mariés…

Réjean

On s'est rencontrés au mois de juin, mais j'entendais parler d'elle depuis le mois de janvier. On m'avait envoyé une photo d'elle, que j'ai encore d'ailleurs. Je la trouvais jolie, souriante, mais je n'étais pas tellement pressé. Finalement, nos amis communs ont insisté pour qu'on se rencontre. Je me suis dit, allons-y, ça fera de belles vacances en France.

Le premier soir, ça n'a pas été la grosse histoire d'amour. Elle est arrivée vers 10 h 30 et la soirée était déjà avancée. Nous étions plutôt gênés l'un envers l'autre. Mais le lendemain, il y a eu un petit déclic. On s'est promenés sur la plage, on a beaucoup parlé, puis, le soir, nous sommes allés dans un bar, *Le petit bedon*. C'est là que tout a vraiment commencé. Je lui ai demandé si je pouvais mettre mon bras autour de sa taille, comme dans l'ancien temps! Elle était un peu surprise! On s'est embrassés et ça a été le début de notre histoire. Je suis reparti au Québec, on s'est revus quelques fois, puis, au mois de septembre, elle est venue me rejoindre et quelques mois plus tard nous étions mariés.

L'AMOUR
INCONDITIONNEL

Il n'y a qu'un seul remède à l'amour: aimer davantage.
Henry Thoreau

Personne n'appartient à personne et, en même temps, on s'appartient tous les uns les autres.

Un couple sur deux se sépare. Ce qui me fait penser que mon frère Bernard, courtier en immeubles, s'enrichit de plus en plus… Et les enfants dans tout cela?

Aujourd'hui, dans notre société, tout devient plus complexe. Les modes de vie changent, les carrières respectives, la mobilité, les distances: quel casse-tête pour les couples qui désirent des enfants! Comment trouver une certaine stabilité dans toute cette précarité?

Il arrive même que des enfants soient pris en otage par leurs parents lors d'une séparation, et les campagnes de dénigrement en présence des enfants sont monnaie courante.

Il me semble que c'est la moindre des choses de respecter le père ou la mère de notre enfant, ne serait-ce qu'au nom de l'intimité et des bons moments que nous avons connus ensemble.

Lorsqu'une famille se reconstitue, on se retrouve parfois avec ses enfants, les enfants du nouveau conjoint et les enfants que l'on a eus ensemble. Ce n'est pas évident d'aimer les enfants de l'autre. Les siens, ça va de soi! Mais l'amour parental ne se transfère pas comme ça.

L'amour inconditionnel n'existe-t-il que dans les liens filiaux? Est-ce que cet amour s'enseigne? Quoi qu'il en soit, il apparaît indispensable à l'harmonie des familles recomposées.

Signe des temps qui changent: faut-il remettre en question l'amour-propriété?

Un bébé moustique demande à sa mère: «Est-ce que je peux aller au spectacle ce soir?» «Oui, répond sa maman, à la condition que tu rentres avant les applaudissements!…»

* * *

Un petit garçon demande à sa mère: «Qui m'a donné mon intelligence?» Et la mère de répondre: «C'est sûrement ton père, puisque j'ai encore la mienne!»

**Au moment de leur rencontre,
Madeleine avait 32 ans et Bernard, 44 ans.**

Madeleine

Nous nous sommes rencontrés, pour la première fois, un vendredi de février vers 18 h. J'avais rendez-vous pour visiter une maison et… c'était lui l'agent! J'étais avec mon père qui tenait à m'aider dans l'achat de cette maison. J'avais déjà parlé avec Bernard au téléphone et puisqu'on se fait toujours une idée préconçue des gens, j'imaginais que c'était un «p'tit gros»!

Donc, j'arrive au rendez-vous avec mon père et je vois un beau bonhomme! Je me suis dit: «Wow! Tu parles d'un beau monsieur!» Et plus la visite avançait, plus je réfléchissais et plus je me rendais compte de l'impression que je donnais: la petite fille à papa qui se fait acheter une maison. On a visité plusieurs maisons ensemble, toujours avec mon père, et je trouvais Bernard tellement gentleman. Et lui, il me voyait dans toutes mes émotions: quand tu achètes une maison, tu passes par toute une gamme de sentiments! Parfois, j'arrivais stressée, à la course du bureau, parfois je devais emmener mes enfants… c'était vraiment comique. Le soir où on a trouvé la maison idéale pour moi, j'ai tout de suite vu qu'il la trouvait, lui aussi, très, très belle. C'est là que j'ai dit, sans y réfléchir: «J'pense qu'on a les mêmes goûts!»

Bernard possédait beaucoup des choses que je recherchais dans sa façon d'être, sa façon de s'exprimer et le respect qu'il inspire. C'est une chimie un peu inexplicable qui s'est produite. Je me disais qu'un homme comme ça était certainement marié ou avait une conjointe! C'était impossible qu'il soit célibataire. Un jour, j'ai décidé de ne pas me gêner et je lui ai demandé: «Vous n'auriez pas un frère jumeau à me présenter?» Et là, il a répondu: «Non, non, mais moi, je suis libre.» À ce moment-là, on a tout naturellement commencé à se tutoyer. Il m'a alors demandé si je voulais aller souper avec lui. J'ai évidemment accepté. Et de fil en aiguille, un jour, il m'a demandé de l'accompagner à Montréal. J'ai dû lui dire non parce que c'était la fin de semaine où j'avais mes enfants et il n'était pas question pour moi de les faire garder. C'est alors qu'un peu plus tard, il me rappelle pour me dire qu'il a loué une suite à Montréal et qu'il nous amène tous les trois! Cette fois-là, j'ai eu les larmes aux yeux et j'ai été complètement conquise. Il avait compris l'importance qu'avaient mes enfants pour moi et, surtout, qu'en me prenant moi, nous n'étions pas deux, mais quatre.

Bernard

J'ai rencontré Madeleine alors que je lui faisais visiter des maisons. J'avais remarqué qu'elle était célibataire et je la trouvais intéressante, mais ce n'était pas le coup de foudre. À ce moment-là, tout ce à quoi je pensais c'était de lui vendre une maison! Le déclic s'est fait lors de l'achat de sa maison. C'était un *condo* et il était vraiment très beau: nous étions tous les deux sur le trottoir et on le regardait en s'exclamant: «Ah! ça c'est beau!» C'est là qu'elle m'a répondu: «Je pense qu'on a les mêmes goûts!»

Je lui ai alors proposé d'aller au restaurant pour faire l'offre d'achat. Nous sommes rentrés au restaurant à 21 h et nous en sommes ressortis à 1 h 30! Le lendemain soir, nous sommes encore sortis; c'était au cinéma pour voir le film *Les Boys*. Et après le film, nous avons passé notre première nuit au *condo*! Je lui ai dit: «On s'lâche plus» et elle a répondu: «Je suis bien d'accord.» Par contre, je sortais avec une autre femme lorsque j'ai rencontré Madeleine! J'ai dû régler cette situation assez rapidement.

**Au moment de leur rencontre,
Jeanne-Paule et Jean-Paul avaient 40 ans.**

Jeanne-Paule

Après ma séparation, j'étais retournée aux études au cégep, puis à l'université. Je vivais avec ma fille. Une session avant la fin de mes études, je me suis dit que j'étais prête à rencontrer quelqu'un. En septembre, en entrant dans une classe pour suivre un cours de philosophie sur Henri Bergson, le professeur m'a précédée dans la salle et je l'ai aperçu de dos. Il portait un grand chapeau noir et un sac sur l'épaule, ça m'a fait sourire. Chaque semaine, je suivais son cours et trois semaines plus tard, le professeur m'intéressait drôlement.

L'intuition est un de mes sujets favoris et je trouvais qu'il savait bien en parler. Sa simplicité aussi me plaisait; par exemple, un étudiant un jour a interrompu le cours pour nous dire à tous: «Regardez par la fenêtre, il neige!» C'était les premières neiges, et le professeur a dit: «Arrêtons et regardons la neige tomber.» Décidément, il m'intriguait de plus en plus et je me suis dit qu'il fallait que je risque le tout pour le tout. Donc, à la pause, quand tous les autres élèves sont sortis de la classe, je lui ai demandé de m'expliquer un peu mieux sa pensée sur l'intuition. À mon plus grand bonheur, il m'a répondu: «Je t'offre une bière au petit bar *La résille* et je te donnerai plus d'explications sur le sujet.» C'est comme ça que tout a commencé et comme j'étais contente…

Jean-Paul

J'ai rencontré Jeanne-Paule dans ma salle de cours. J'enseignais la philosophie d'Henri Bergson. Elle était la seule fille parmi une vingtaine de garçons. J'ai remarqué qu'elle était très studieuse, sérieuse en classe et curieuse. D'autant plus que je la trouvais jolie. À un moment donné, elle est venue me poser une question à la pause, et ça m'a donné l'occasion de l'inviter à prendre un verre au petit bar étudiant; j'avais envie de mieux la connaître. Elle a accepté mon invitation et j'en ai été très heureux. Nous avions plusieurs points communs: le même prénom, le même âge et un goût commun pour la philosophie. Elle, tout comme moi, était libre. J'avais besoin d'amour. Je me suis vite rendu compte de son humour, je la trouvais drôle. Nous nous sommes revus entre les cours. Tout au long de la session, aucun des étudiants ne s'est rendu compte que nous nous fréquentions. Je dirais même que, d'une certaine façon, elle m'avait ensorcelé. Notre belle aventure continue et j'en suis très heureux.

LE MARIAGE
DE RAISON

*Mariage de raison: union qui se distingue
d'un mariage d'amour par le fait que les conjoints
savent dès le début qu'ils doivent se faire une raison.*

Noctuel

Quand on écoute son cœur, on reçoit le bonheur en prime.

Nous bouillonnons à 37 °C, c'est pourtant assez chaud pour attiser un brasier amoureux….

Autrefois, les mariages étaient souvent obligatoires et arrangés par les familles, en fonction de critères de classe sociale, d'argent ou d'autres intérêts. Ils étaient appuyés par la religion; l'obéissance, la résignation et l'esprit de sacrifice en étaient les principes.

Aujourd'hui, je retiens une anecdote citée dans le livre *Comment trouver l'âme sœur* (à la page 166):

«Un étudiant universitaire, déterminé, voulait absolument se marier à la fin de ses études.»

Il fit donc passer une audition à plusieurs jeunes filles qui l'intéressaient suivant une liste d'une trentaine de questions précises. Après plusieurs rencontres, il demanda en mariage celle qui avait répondu à tous ses critères et il l'épousa. Dans une confidence, il avoua qu'il fut malheureux chaque instant qui s'ensuivit.»

Perfection et raison ne sont pas les bons combustibles du brasier amoureux, seule la chimie mystérieuse du cœur le fait vivre.

Si, aujourd'hui, on divorce plutôt que de supporter un mariage malheureux, il semble qu'à l'époque, les rendez-vous secrets dans les granges à foin avaient leur raison d'être pour pallier les unions malheureuses.

D'ailleurs, mes frères et moi avions remarqué que le cheval de mon grand-père était plus souvent attaché devant la maison d'une certaine Marie plutôt que devant celle de ma grand-mère…

Une mère accouche de son quinzième enfant. Voyant la grande fatigue de la mère, le docteur dit au père: «Vous devriez peut-être trouver un moyen de contraception.» Le père répond alors: «Nous acceptons les enfants que Dieu nous envoie, voilà tout.» Et le médecin de répliquer: «Dieu envoie la pluie et fait aussi des parapluies…»

* * *

Lyne et Mara se rencontrent.
– Dis-moi, Mara, as-tu déjà fait l'amour avec ton mari dans le parc, en face de chez vous, sous le gros arbre?
– Non, jamais. Pourquoi me demandes-tu ça?
– Tu devrais essayer, il a beaucoup aimé…

* * *

Quel est le comble de la patience chez un mathématicien?
Se coucher à l'infini sur une inconnue.

**Au moment de leur rencontre,
France avait 27 ans et Sébastien, 24 ans.**

France

J'ai rencontré Sébastien par pur hasard. J'étais avec une de mes amies, on se promenait et on s'est dit: «Si on allait jouer au *pool*!» Chose que j'avais jamais faite dans ma vie, nous n'étions jamais allées jouer au *pool* dans les grands centres. Sébastien est entré dans la salle et il a choisi la table à côté de nous. Je l'ai regardé jouer au *pool* et je le trouvais joli, mais pas plus que ça, je ne l'aurais jamais abordé.

Des garçons m'avaient offert un verre et Sébastien s'est approché et l'a bu pendant que j'étais aux toilettes! Ensuite, il a demandé à mon amie si on voulait jouer au billard avec eux. Elle a accepté, pour moi en même temps, et on a fait une partie. À la fin de la soirée, il pleuvait beaucoup, je suis donc allée le reconduire chez lui et c'est là qu'il m'a demandé mon numéro de téléphone.

Il m'attirait beaucoup, il avait beaucoup de charme. Le lendemain, il m'a rappelée et m'a invitée à venir souper chez lui. Il m'avait fait un bon petit souper aux chandelles. Je trouvais qu'il avait beaucoup de simplicité et d'humour et qu'il embrassait bien! Avec mon ancien copain, c'était moi qui étais aux petits soins avec lui, alors qu'avec Sébastien, c'est tout le contraire et ça continue!

Sébastien

J'ai rencontré France au billard. Je voulais jouer avec elle, mais elle était très gênée. Au début, elle refusa de jouer avec moi et j'envoyai mon copain la convaincre. Par contre, sa copine était moins gênée et plus «jasante», ce qui nous a donné une chance.

France me plaisait beaucoup. J'aimais son physique, ses cheveux, ses yeux, sa beauté et, surtout, son sens de l'écoute et son rire sain. Je ne m'attendais pas à rencontrer quelqu'un ce soir-là. On dit que ça arrive souvent comme ça. Un pur hasard! On a beaucoup jasé de ses expériences à l'ACDI. Mais comme elle venait de se séparer de son copain avec qui elle avait eu une relation de dix ans, elle était très fragile. Moi, mon cœur était libre, je venais de terminer une session à l'université. Mais je ne pensais pas que ça irait plus loin avec elle.

Après le billard, nous sommes allés danser, elle était encore très timide. À la fin de la soirée, il pleuvait beaucoup et elle est venue me reconduire chez moi. Dans l'auto, devant la maison, j'ai beaucoup parlé, elle m'écoutait et c'est là que nous nous sommes embrassés. Il s'est passé quelque chose, je ne sais pas quoi. Je l'ai invitée à souper le lendemain soir; je lui ai fait un bon bœuf bourguignon et ça continue toujours.

Donc, je l'ai rencontrée dans une salle de billard, à mon avis l'endroit le plus ridicule pour rencontrer quelqu'un. Mais comme on dit: tous les endroits sont bons pour des rencontres!

**Au moment de leur rencontre,
Priscilla avait 22 ans et Thomas, 22 ans.**

Priscilla

J'ai vu Thomas la première fois au secondaire, mais je ne lui avais jamais parlé. Je l'ai rencontré ensuite à l'université, on étudiait dans le même domaine. Je n'avais pour lui pas plus d'intérêt que cela. Un an plus tard, avec un groupe d'amis universitaires, nous sommes allés camper et comme il n'avait pas d'auto, je lui ai proposé d'embarquer avec moi. Le trajet durait deux heures, nous avons beaucoup parlé. Je le trouvais très intéressant et nous avions les mêmes centres d'intérêt. Je lui ai raconté des voyages que j'avais faits avec mon père en bateau, ça l'impressionnait. Il était très intrigué. Au retour, il s'est arrangé pour être avec moi en voiture. Par la suite, il a commencé à m'inviter à toutes sortes de spectacles, de concerts. Certains de mes comportements énervaient mes anciens *chums*, mais lui les trouvait très drôles. Il en riait. Il aurait vraiment fallu que nous fassions exprès lui et moi pour ne pas nous entendre. Nous habitons maintenant ensemble et je suis très heureuse.

Thomas

Ça faisait deux ans que je la voyais, elle était dans le même département que moi, en génie géologique à l'université. Nous étions un petit groupe d'environ trente étudiants, donc assez proches les uns les autres. À un moment donné, on s'est mis à se parler davantage, car il se trouvait que nous avions un ami commun. Lors du carnaval d'hiver, je lui ai téléphoné pour lui demander de m'accompagner à l'une des activités. Je la trouvais très belle fille et super intéressante. De plus, elle avait beaucoup voyagé avec son père en bateau.

Ce ne fut pas un coup de foudre, mon attachement pour elle s'est fait graduellement. Une bonne fois, nous sommes allés en camping et là, nous avons eu de vraies longues conversations. Je m'adonnais très bien avec elle et j'étais de plus en plus convaincu qu'elle était la fille qu'il me fallait. Une fille au naturel, pas compliquée. Elle était en plein mon genre. Avec elle, je me disais que je serais heureux. Et c'est en plein ce qui se passe.

LA JEUNESSE

Une vie simple porte en elle-même sa propre récompense.
George Santayana

Sac au dos, la jeunesse se déplace avec beaucoup moins d'artifices que les aînés.

D'instinct, ils se rapprochent de la nature. Ils se rendent compte que la vérité réside dans la simplicité. «Simple» ne veut pas nécessairement dire «facile», mais «vrai».

J'ai confiance dans la jeunesse, elle formera des couples selon leurs propres critères et non pour répondre à une image imposée par l'éducation et la société. Déjà, elle recherche la qualité de vie bien davantage que la super réussite professionnelle. La jeunesse comprend qu'actuellement nous devons nous définir ou nous valoriser autrement que par le travail.

Certains nous prédisent la fin de l'ère du travail basé sur la productivité, la compétition, la consommation, pour évoluer vers une société d'échanges et de partage.

Ne pourrait-on pas s'offrir une pause tous ensemble afin de réfléchir et de redéfinir le cadre de la société dans laquelle nous voulons vivre, plutôt que de réagir dans l'urgence d'une situation de crise?

Quelle est la différence entre un secrétaire et un secrétaire particulier? Le jour et la nuit...

* * *

Un garçon se rend chez son pharmacien et lui demande deux préservatifs. Deux jours plus tard, il y retourne et en achète deux autres. Intrigué, le pharmacien lui dit: «Pourquoi n'en achètes-tu pas une douzaine? Tu en aurais pour deux semaines!» Le garçon répond: «C'est que je suis en train d'essayer d'arrêter!...»

**Au moment de leur rencontre,
Pascale avait 19 ans et Stéphane, 22 ans.**

Pascale

J'ai rencontré Stéphane pour la première par un gros hasard, je prenais le métro pour me rendre à l'université. Tout à coup, j'aperçois mon cousin Christian dans son auto rouge, qui arrivait de Québec. Il ne m'avait pas téléphoné, rien, j'étais contente de le voir. Et il me donnait une bonne raison pour ne pas aller à mon cours de politique. On décide de sortir au bar de l'Université de Montréal, accompagnés de ma copine Martine. On était au bar et on s'amusait beaucoup, tout allait bien et, tout à coup, j'aperçois un grand gars qui ne dansait pas, les deux bras croisés. Je dis à Martine: «Je l'aime, lui, ce grand gars à l'air stoïque» qui dépassait tout le monde d'une tête. Je décide d'aller lui parler.

Christian avait acheté une petite bouteille de mousseux, je lui en offre un verre et je l'invite à danser. Je me disais: « Oh! le beau gars intéressant!» En fin de soirée, il me raccompagne et je l'invite à dormir chez moi (j'avais des préservatifs dans mon tiroir). C'était rapide, mais on était en 1989 et non en 1909! Il refuse! «Non, je dois rendre la voiture à mon père, il en a besoin pour aller travailler demain matin.» Je me sentais un peu humiliée et je lui ai donné mon numéro de téléphone, il ne l'a pas écrit (!) et est reparti.

Le lendemain, il me rappelle et on a parlé longtemps au téléphone. Je ne suis pourtant pas du genre à inviter quelqu'un à coucher chez moi. Le surlendemain, il est venu chez moi et on s'est levé à 5 h de l'après-midi. Plus on se parlait, plus il m'intéressait, il avait de bien belles qualités. J'ai découvert aussi ses défauts et je me suis dit: «Je vais pouvoir composer avec ça», car pour moi, aimer quelqu'un, c'est être capable d'accepter ses défauts. Je dois dire qu'il en a corrigé quelques-uns, sauf qu'il en a développé d'autres! Comme moi d'ailleurs… Quand on rencontre quelqu'un à vingt ans, nos personnalités ne sont pas encore forgées, on se transforme rapidement. On doit s'ajuster à plein de choses que l'on ne connaît pas encore: ce que l'on a envie de faire dans la vie, le marché du travail, c'est tout un ajustement, cette période des vingt-trente ans. Nous l'avons passée allègrement et sommes toujours ensemble!

Stéphane

J'ai rencontré Pascale pour la première fois dans un bar, je n'aurais jamais cru rencontrer la personne qui partage ma vie depuis plus de dix ans, dans un bar! Quand je l'ai vue, il y a eu une sorte d'attirance, on a dansé ensemble face à face, très collés. Après la soirée, elle m'a invité chez elle, elle voulait que je passe la nuit avec elle. J'ai refusé car je trouvais que c'était un peu vite «en affaires». Je l'ai rappelée deux jours plus tard. Ça a cliqué parce que je trouvais qu'elle dégageait de la maturité, quelque chose de plus vieux que son âge, c'est difficile à expliquer. Je la trouvais et la trouve toujours intelligente et très jolie. Elle m'avait donné son numéro de téléphone et comme je n'avais pas de crayon, dans l'auto, à mon retour, je répétais constamment son numéro pour ne pas l'oublier et, rendu chez moi, je l'ai écrit immédiatement.

Mon contact avec Pascale a été comme un coup de foudre, contrairement aux autres relations que j'avais eues et qui ont pourtant duré un certain temps. Ce fut une rencontre facile.

**Au moment de leur rencontre,
Pierre avait 26 ans et Henriette, 27 ans.**

Pierre

Je revenais de la Gaspésie sur le pouce. C'était la Francofête à Québec. Je me trouvais sur les plaines d'Abraham et une fille a attiré mon attention. «Cette fille me plaît», me suis-je dit, avec ses longs cheveux noirs jusqu'à la taille. Je me demandais comment l'aborder. Alors qu'elle quittait le site et se dirigeait vers l'est, je l'ai suivie et je me suis décidé à lui parler. J'avais la programmation du festival en main et il y avait un spectacle de danseuses africaines aux seins nus, c'était spécial en 1974, au parc des Gouverneurs. J'allais dans cette direction, elle aussi.

Je me suis approché d'elle, mais je ne me souviens pas dans les détails de ce que je lui ai dit. Peut-être s'en souvient-elle, sauf que ça ressemblait à ceci: «Je m'en vais dans cette direction, peut-on faire un bout de chemin ensemble?» comme ça, simplement.

C'est l'ensemble qui m'attirait chez elle, son genre, elle avait un petit chapeau en denim avec le bord relevé, un bermuda avec des franges. Elle m'attirait. Mon ancienne blonde m'avait quitté et je venais de passer six mois en Europe. Je voyageais beaucoup, j'avais quitté mon emploi; en fait, je voyageais pour guérir ma peine d'amour et je suis revenu très bien dans ma peau. Je l'ai revue et j'ai réussi à obtenir son numéro de téléphone qu'elle ne m'avait pas donné, sauf qu'elle m'avait dit qu'elle étudiait à l'université en orientation scolaire. En inventant une histoire, l'université m'a donné son numéro de téléphone. Je suis très débrouillard là-dessus quand je veux joindre quelqu'un… À l'époque, les coordonnées d'une personne s'obtenaient bien plus facilement que maintenant. Elle a été étonnée que je sois capable de la joindre. C'était positif pour elle, ça démontrait que j'étais très intéressé.

Henriette

J'ai rencontré Pierre durant l'été lors de la Francofête. C'est lui qui m'a remarquée en premier, moi je ne l'avais pas vu. Je venais tout juste de quitter quelqu'un et je m'en allais aux Éboulements. Avant cela, j'avais décidé de faire un tour sur les plaines d'Abraham. Il m'a abordée en me demandant s'il pouvait faire route avec moi. C'était tellement bien demandé que j'ai dit oui. On a passé l'après-midi ensemble. Il avait un imperméable bien plié, il l'a ouvert et m'a invitée à m'asseoir dessus, par terre, pour regarder un spectacle. Ensuite, on est allés sur la rue Saint-Jean prendre une bière. Il est venu me raccompagner à l'arrêt d'autobus, j'allais chez ma sœur et lui, chez son frère. Il m'a dit: «Appelle-moi demain, ce serait le *fun* de passer la journée ensemble.»

Je l'ai appelé chez son frère. À l'époque, ça ne se faisait pas pour une fille d'appeler un garçon en premier, je ne sais pas pourquoi, mais c'était comme ça… Je le trouvais beau, cultivé et aventureux. C'était aussi une première pour moi. Nous sommes allés nous promener, puis je lui ai dit que j'allais chez ma mère dans Charlevoix, on s'est quittés comme ça. Le soir même, il a réussi à me téléphoner chez ma mère, alors que je ne lui avais pas donné de numéro.

Je lui ai demandé comment il avait fait, il m'a dit qu'il l'avait obtenu directement à la faculté en orientation scolaire et qu'il avait été étonné qu'on le lui donne, car normalement c'est confidentiel. On s'est revus, je l'ai invité au mariage d'une amie à Québec, ensuite il est venu avec moi chez ma mère, aux Éboulements, puis à l'île aux Coudres. C'était bien le *fun*, c'était bien beau et bien excitant. Ça a commencé comme ça…

LE TEMPS
D'UN COUPLE

*Le remariage, c'est le triomphe
de l'espérance sur l'expérience.*
Samuel Johnson

On entend souvent dire: «J'ai raté deux mariages, j'ai bien hâte de tomber sur la bonne personne.»

Je crois que chaque fois, nous tombons sur la bonne personne… Le temps de vivre cet amour, de ce que nous avons besoin d'apprendre l'un de l'autre et de le réaliser ensemble. Un temps indéterminé qui peut durer un an, comme il peut durer toute la vie. Il y a autant d'histoires de couples que de couples, et aucune n'est comparable.

Il paraît que nous quittons quelqu'un pour les mêmes raisons que celles qui nous ont attirées vers lui. Ce qui nous semblait être une qualité au début peut devenir insupportable à la longue. Reconnaissons que nous sommes plus rapides à vouloir changer l'autre et plus lents à nous transformer nous-mêmes.

Lors d'un atelier, un participant dans la cinquantaine m'a dit: «Cela tient du miracle qu'un homme et une femme puissent vivre ensemble et que ça fonctionne, nous sommes tellement différents!» Un autre jour, un couple d'homosexuels s'exclame: «Nous vivons ensemble depuis dix-sept ans et ça marche, car nous sommes si différents! Nous nous complétons très bien.» Allez donc savoir….

Des conseillers matrimoniaux soutiennent que, malgré notre si grande différence, nous sommes faits pour vivre ensemble, mais pas longtemps.

L'espérance de vie étant plus longue, peut-être aurons-nous à vivre plusieurs relations de couple?

Aussi, ne nous embarrassons pas de mobilier trop lourd, on ne sait jamais… Un déménagement est toujours une si grosse corvée!

Deux parallèles s'aimèrent. Hélas!

* * *

Quelle est la différence entre un «courailleux» et un pêcheur?

Lorsque le «courailleux» en prend une «grosse», il n'en parle à personne!

**Au moment de leur rencontre,
Roger avait 30 ans et Lucille, 40 ans.**

Roger

J'ai rencontré Lucille dans mon milieu de travail pour la première fois; il ne s'est absolument rien passé, c'était une rencontre entre collègues. De plus, je n'étais pas libre à ce moment-là. Par la suite, elle est partie travailler ailleurs. Ce n'est que quelques années plus tard que je me suis séparé de ma femme. Peu de temps après, j'ai rendu service à une collègue de travail qui avait besoin d'un endroit pour organiser une soirée entre amis. Je lui ai offert ma maison de campagne. Tout le monde s'est donc retrouvé chez moi; que j'y sois ou non n'avait pas d'importance, ma collègue s'occupait de tout. Finalement, j'ai décidé de rester. Lucille s'y trouvait, je ne le savais pas. Nous avons parlé de littérature, des livres qui nous intéressaient. Elle avait les mêmes goûts et intérêts pour les mêmes sujets. Nous partagions les mêmes préoccupations.

Lucille avait amené sa guitare et moi la mienne, nous avons chanté ensemble. La soirée s'est terminée très tard. Après son départ, je me suis rendu compte qu'elle avait oublié sa guitare et son étui sur le terrain. Je n'ai jamais su si cet oubli était volontaire ou non. De toute façon, j'ai dû la rappeler pour la lui retourner. C'est comme ça que cela a commencé.

Il est vrai que même si nous avions des intérêts et des goûts communs, il s'est passé une chimie inexplicable. Il y a plein de gens qui ont des points communs et qui n'ont pas le goût de former un couple, même en étant libres. Voilà tout le mystère des rencontres amoureuses!

Lucille

J'avais été invitée à une soirée par une amie, à la ferme de Roger. Il y avait de l'espace pour faire un méchoui. Je connaissais déjà Roger pour l'avoir rencontré dans mon milieu de travail. Je le trouvais intéressant mais pas pour m'y arrêter. De plus, à l'époque, il était marié. J'avais donc rapidement classé l'affaire, comme on dit.

Quand je suis allée à la soirée, j'ai appris qu'il était divorcé. Ce soir-là, nous avons eu la chance de jaser, de chanter ensemble et de jouer de la guitare. Il m'a également prêté des livres. Ses enfants étaient là et je me suis beaucoup amusée avec eux. Après la soirée, je suis repartie chez moi en oubliant, sans faire exprès, ma guitare... Inconsciemment peut-être, sauf que Roger a toujours soutenu que je l'avais fait exprès. *(Voilà la question, l'avait-elle oui ou non fait exprès?)*

Lorsqu'il m'a rappelée pour me rapporter ma guitare, je l'ai invité à dîner chez moi. Ce ne fut pas le coup de foudre, il me plaisait davantage comme personne, dans son comportement avec ses enfants. Il me plaisait aussi physiquement, j'aimais sa stature, il avait une belle barbe et les cheveux mi-longs grisonnants, c'était la mode à l'époque. J'aimais beaucoup cela et je ne regardais que les barbus, je ne sais pas pourquoi. C'était un être aussi très délicat. Par la suite, il m'a rappelée et m'a invitée chez lui. C'est comme ça que notre rencontre s'est faite. Nous avons dix ans de différence, ni l'un ni l'autre ne s'en étaient rendu compte. Nous pensions être à peu près du même âge. Nous l'avons réalisé plus tard, sauf qu'il était trop tard... J'étais libre, je n'avais pas d'enfant. Je dois dire aussi que je venais de terminer une relation avec un homme divorcé qui avait la garde de ses trois enfants. Un homme intéressant, sauf que ses trois garçons étaient tellement indisciplinés que j'ai refusé catégoriquement de poursuivre cette relation et encore moins de m'embarquer dans cette famille. Au contraire, je m'entendais très bien avec les enfants de Roger.

C'est ainsi qu'a commencé notre histoire et après ces nombreuses années, nous avons hâte d'être grands-parents, si je puis dire.

RIRE

Rire seul, ça a de la gueule!

Rire à deux, c'est encore mieux!

Rire à trois, ça va!

Rire à quatre, ça éclate!

Rire à cinq, ça requinque!

Rire à six, ça plisse!

Rire à sept, ça pète!

Rire à huit, ça excite!

Rire à neuf, ça rend neuf!

Rire à dix, ça twiste!

Amusez-vous un peu et remplacez le mot RIRE par L'AMOUR…

IL N'Y A PAS D'ÂGE POUR L'AMOUR

Dire oui à l'amour, c'est y croire.

Il n'y a pas d'âge pour l'amour, puisque le cœur ne vieillit pas. La vieillesse arrive le jour où l'on n'a plus de projets.

Selon les scientifiques, notre bonne santé est influencée par un tiers de notre génétique et deux tiers de nos choix de vie. Les civilisations centenaires ont toutes quelque chose en commun: elles mangent peu, se créent des endorphines en souriant, en riant et en voyant la vie du bon côté. Elles ont aussi une vie affective satisfaisante, l'aide et le soutien de leurs voisins et de la communauté.

Avez-vous remarqué que les personnes qui vivent en couple sont souvent les plus critiques à l'égard de l'autre: «Ah! les hommes sont comme ci! les femmes comme ça!» Par contre, à nouveau seules et une fois guéries de leur rupture, le syndrome d'Alzheimer les frappe une autre fois et la mémoire lavée de tout soupçon et de toute trace de peur, les voilà reparties à la chasse du grand amour, et ce, quel que soit leur âge.

Au fond, y a-t-il un état plus exaltant que l'amour? L'amour, c'est la lumière, la chaleur, l'éblouissement, le feu, la vie, la naissance, un cadeau, une chance, du bonheur, un sourire, le rire, la beauté, la joie, la santé, les endorphines, le miracle, la magie. L'amour, c'est… Reprenez votre souffle et continuez.

Combien de temps l'amour dure-t-il? Mais on s'en fout, puisque l'éternité est comprise dans un instant! La vie et l'amour finissent toujours par vaincre.

L'anthropologue Helen Fisher conclut: «Je crois que les deux sexes sont terriblement intéressés par l'amour, tout le temps… et qu'ils le seront toujours.» (*Châtelaine*, sept. 1998.)

Un quêteux se présente chez une dame pour lui demander la charité. Généreuse, elle lui donne 5 $. Deux minutes plus tard, le même quêteux revient sonner chez elle. Elle lui fait remarquer qu'il vient tout juste de la solliciter, et celui-ci lui répond: «Mais, madame, il n'est pas bon de vivre dans le passé!»

* * *

Quand un homme lut quelque part que le tabac pouvait causer le cancer, il arrêta immédiatement de… lire.

**Au moment de leur rencontre,
Jacqueline avait 21 ans et Claude, 39 ans.**

Jacqueline

Quand je l'ai rencontré, il était mon patron. Je vivais avec quelqu'un et Claude n'était pas libre… J'étais avec un garçon violent et jaloux. À un moment où je jasais avec la femme de Claude et une autre employée, je dis que si, un jour, j'avais un fusil et une balle, je saurais quoi faire! Je ne voyais aucune porte de sortie. La femme de Claude alla lui dire que j'avais besoin d'aide. Il me l'offrit et j'acceptai. Quelques jours plus tard, Claude vint chez moi avec un copain pour m'aider à déménager. Je ramassai mes affaires et allai vivre chez lui durant une semaine pour me cacher. Par la suite, je trouvai un appartement.

Je pensais que le couple de Claude allait très bien. Je n'étais pas consciente de ses difficultés. J'appris, par la suite, par des amis, que leur couple ne fonctionnait plus. Claude faisait des remarques ou des commentaires toujours positifs à mon égard. La différence d'âge ne me dérangeait pas sauf que lui, ça l'achalait.

D'ailleurs, un jour, il a même voulu teindre ses cheveux gris… Je n'étais absolument pas d'accord et je le l'ai menacé de me teindre les cheveux en bleu si lui le faisait… Il ne m'en a plus jamais reparlé. Il a un caractère tellement jeune, il est joyeux, de bonne humeur, toujours partant pour l'aventure et pour courir des risques. Il n'y a pas vraiment eu de coup de foudre. Mon amour pour lui s'est construit petit à petit. Et nous avons une jolie fille de trois ans.

Claude

Quand je l'ai rencontrée, elle travaillait pour moi comme serveuse dans mon restaurant. Elle était étudiante à l'université. Mis à part des rapports de patron à employée, il ne s'est rien passé durant trois mois. Puis, nous avons organisé une soirée avec les employés. J'ai dansé avec elle et là il s'est passé quelque chose, le contact s'est fait. Je n'étais pas libre à ce moment-là, je demeurais encore avec mon épouse même si ça faisait pas mal de temps que notre couple ne fonctionnait plus. Je sortais avec d'autres femmes et j'avais averti mes enfants qu'un jour je quitterais leur mère.

L'année où je l'ai quittée, je suis sorti avec Jacquie. Je ne croyais pas que ça durerait avec elle, car elle était beaucoup plus jeune que moi. Je ne croyais pas que ça puisse marcher. Je trouvais même que c'était impossible. Je le lui disais souvent et pourtant elle était réellement à mon goût. Contrairement à plusieurs filles de son âge, elle était très sérieuse et réservée. Mais je sentais son grand amour, c'était écrit dans ses yeux, dans toute sa personne, elle m'aimait sans doute. Cette année-là, tout est arrivé en même temps; mon restaurant faisait faillite, je quittais ma femme et je gagnais un nouvel amour…

LA JALOUSIE

Les querelles ne dureraient pas longtemps
si le tort n'était que d'un côté.
F. de la Rochefoucauld

La jalousie et la violence seraient les plus grandes inquiétudes des jeunes couples d'aujourd'hui. On pourrait écrire un livre sur ce seul sujet et invoquer toutes sortes de causes: manque de confiance en soi, possessivité, etc.

Un ami homéopathe croit dur comme fer que la jalousie est un problème hormonal. Il soigne ses patients avec l'homéopathie et ça fonctionne. «La solution est dans la solution!» me dit-il. À vos gouttes, messieurs, dames! *Chéri, as-tu pris tes gouttes?* Le problème, c'est qu'un jaloux (homme et femme confondus) ne se reconnaît pas comme tel. Il est donc difficile de lui demander de garder des gouttes sous la langue sans lui en donner la raison… À quand le traitement soluble dans le café ou le gaz neutralisant?

Par exemple, je sais que le bougonnement est dû en grande partie à un foie engorgé. Un traitement très efficace aux ampoules de radis noirs et d'artichauts vous rendra le plus aimable des conjoints. J'en parle en connaissance de cause pour l'avoir essayé sur mon compagnon. Ça marche!

La femme demande à son mari: «Où es-tu allé en fin de semaine?» «À la pêche, comme je te l'avais dit, ma chérie.» Sa femme lui répond: «Justement, ta truite vient de téléphoner.»

* * *

Quel est le plus grand problème d'un comptable? C'est de surprendre sa douce moitié avec un tiers.

**Au moment de leur rencontre,
Normand avait 21 ans et Michelle, 23 ans.**

Normand

J'ai rencontré Michelle alors que j'étais âgé de vingt et un ans, au Château du lac Beauport, au sous-sol, à la discothèque qui s'appelait *La cage*. Nous revenions d'une journée de ski et nous en étions à l'après-ski autour d'une bière! Je la trouvais belle. Je lui ai donc demandé de danser avec moi, et je me suis vite rendu compte qu'elle était très intelligente. Après la soirée, je lui ai proposé d'aller la reconduire, ce qu'elle a accepté. C'est comme ça que notre belle histoire d'amour a commencé.

Michelle

On s'est rencontrés au centre de ski. J'étais avec un groupe de filles et quand je l'ai vu entrer, tout de suite je me suis dit: «Oh! c'est pas laid, ça!» Je le trouvais bien à mon goût et je me disais, dans ma tête, sans le dire aux autres, j'espère qu'il va venir me demander pour danser! C'est effectivement ce qui est arrivé. Ensuite, chose que je ne faisais jamais, il est venu me reconduire. Habituellement, je ne laissais jamais mon groupe de filles. Quand on sortait en filles, on revenait en filles, c'était sacré. Mais pour lui, j'ai fait exception! Il m'a demandé pour sortir avec lui le lendemain soir, mais j'ai dû refuser: j'étais déjà occupée, j'allais voir Jacques Brel avec mon *ex*. On s'est revus le surlendemain. J'avais mis ma petite robe bleu marine avec un ruban vert. Je pense qu'il l'a beaucoup appréciée parce qu'il en a parlé pendant dix ans à ce qu'on m'a dit. D'ailleurs, il ne veut toujours pas que je la jette. Ça a pris trois mois avant que je réalise qu'il s'intéressait à moi. Je me souviens du jour où le déclic s'est fait;

j'étais chez sa mère qui s'est exclamée: «Normand, tu viens chaque fin de semaine à Québec depuis quelque temps. Pourquoi?…» Il travaillait à l'extérieur, à l'époque. C'est ça qui m'a réveillée. Chaque fois qu'on est sortis ensemble pendant ces trois mois, je l'appréciais de plus en plus. Je le trouvais très brillant.

L'HUMOUR
DANS LE COUPLE

Sans la folie, la vie n'a aucun charme.
Érasme

Un jour, on demanda à Doris Lussier, cet homme d'esprit, pourquoi le mariage était devenu l'antichambre du divorce. Voici ce qu'il a répondu:

«Parce que la grâce sanctifiante de l'humour a déserté le cœur des conjoints qui s'acharnent à faire des montagnes avec des riens, grossissent et dramatisent leurs défauts, au lieu d'en rire, et finissent par faire des problèmes avec des solutions. Et c'est de même partout. Ce qui manque toujours à la paix, cette tranquillité – même mouvementée – de l'ordre, c'est le sens de l'humour qui arrondit les angles au lieu de les aiguiser, qui répand son baume sur les plaies de l'âme, quand tout contribue à les aviver et qui dédramatise les passions quand elles menacent de s'exacerber. Le sens de l'humour, c'est le huitième don du Saint-Esprit.»

Aussi, si l'humour a déserté votre couple, recherchez-le dans votre entourage, dans vos activités, suivez en couple un atelier de rigolothérapie. En tout cas, retrouvez-le, cultivez-le et partagez-le… en couple.

Petit exercice pratique: le regard différent

Si vous ne vous donnez plus l'occasion de rire ensemble, prenez au moins le temps, au saut du lit, de vous regarder l'un et l'autre. L'une en jaquette de finette, les cheveux en brous-saille, l'autre en boxer descendu sous le bedon ou remonté sous les bras, ses trois ou quatre cheveux dressés comme une antenne sur son front reluisant!

Ou encore, si votre partenaire vous dit quelque chose de vraiment déplaisant, ne grimpez pas dans les rideaux tout de suite. Prenez une grande respiration et, d'un ton posé, dites-lui: «Veux-tu qu'on en parle?»

En appliquant ces petits exercices, vous développerez votre sens de l'humour et une bonne maîtrise de vous-même. La vie vous paraîtra plus simple.

Un proverbe chinois dit: On ne peut condamner quelqu'un qui nous fait mourir de rire.

* * *

En visite chez le pédiatre, un couple demande: «Docteur, pourquoi notre fils a les cheveux roux alors que j'ai les cheveux bruns et que ma femme est blonde?» Le pédiatre leur pose une série de questions, puis finit par demander à la femme: «Madame, quand vous êtes tombée enceinte, ça faisait combien de temps que vous n'aviez pas fait l'amour?»

«Six mois», répond-elle. «Je comprends, dit le médecin, vous étiez rouillés!»

**Au moment de leur rencontre,
Ginette avait 19 ans et Fernand, 23 ans.**

Ginette

Je l'ai rencontré à l'époque au Club Lafayette. Quand je l'ai vu la première fois, je ne l'ai pas trouvé vraiment beau, mais quand même, il paraissait bien avec sa petite pipe! Il faisait un peu son don Juan. Je sortais déjà avec quelqu'un, un animateur de radio. Je ne cherchais pas un *chum*, j'en avais un.

Je crois qu'il y a une destinée. Pourquoi changer d'amoureux quand on en a déjà un? Ca faisait trois jours que j'étais arrivée d'une autre province que déjà j'avais envie de repartir chez nous. Pourtant, j'avais décroché un emploi. Fernand vient m'inviter à danser, j'accepte. Quelques jours après, il me rappelle et ça continue.

Fernand

«Je ne me souviens de rien, un trou de mémoire! Trois à quatre mois avant et cinq à six mois après, plus rien du tout, page blanche…»

Note de l'auteure: J'ai rencontré Fernand à plusieurs reprises. Puis, j'ai fait appel à un psychiatre pour nous aider à comprendre ce qui aurait pu se passer depuis sa naissance. Tout s'arrête vers l'âge de vingt et vingt et un ans, semble-t-il, pendant quelques mois. J'ai tenté de reconstituer la rencontre à l'aide de mon frère, metteur en scène de métier. Sa conjointe nous ayant dit qu'ils s'étaient vus la première fois dans un club de danse, nous avons recréé la scène: l'alcool pour le goût (ça m'a coûté cher, puisque nous nous sommes essayés à plusieurs reprises); les cigarettes qu'il fumait et le parfum de Ginette pour l'odorat; la même musique pour l'ouïe; elle assise à une table, avec la même robe qu'à l'époque, pour la vue... On n'a rien oublié et pourtant...

Toute la scène de la rencontre n'ayant été racontée que par son épouse, je lance un appel à tous:

Recherche témoins vivants de la période du 15 octobre au 15 novembre 1965, pouvant nous aider à reconstituer le témoignage de Fernand et peut-être de créer le choc susceptible de lui faire recouvrer la mémoire.

Au bout de trois jours de torture mentale, je lui ai demandé s'il se souvenait du jour où il l'avait épousée: «Vaguement, très vaguement», a-t-il répondu. Au début, je pensais que c'était une blague! Mais il faut se rendre à l'évidence: malgré tous nos efforts, IL NE SE SOUVIENT PRATIQUEMENT DE RIEN...

Si, un jour, il débloque, je vous le ferai savoir!

LES JOYEUX RETRAITÉS

Ce n'est pas le temps qui passe,
c'est nous qui passons.
Franz Schubert

Pour participer aux transformations sociales, tout le monde doit y mettre du sien. Beaucoup de retraités, toujours jeunes et en bonne santé, sont d'une énergie précieuse pour aider la génération montante.

Ce n'est pas le temps de s'arrêter, d'aller s'écraser au soleil ou de jouer aux cartes pour encore peut-être trente ans, sous prétexte qu'on a assez donné. Il y a tant à faire pour aider les jeunes, surtout quand ils font déjà tout leur possible; par exemple, garder les petits-enfants, les aider financièrement au bon moment, quand ils démarrent leur famille. Les aider ne veut pas dire les gâter. Tous ces petits gestes représentent une aide importante pour les jeunes couples en leur permettant de souffler, de se retrouver. Une famille se construit aussi grâce à l'entraide entre frères, sœurs, parents, grands-parents et la société. Qui a dit: «Il faut un village pour élever un enfant»?

Quand je vois des personnes âgées avec leur gros bas de laine, je voudrais leur dire: Partagez avec les vôtres, ayez du plaisir à distribuer votre surplus, sachez où il va et appréciez le bonheur qu'il procure… de votre vivant! Cela évitera les chicanes d'héritage après votre décès. Puisque le coffre-fort ne suit pas le corbillard, mourons pauvre mais, surtout, mourons drôle!…

Un petit-fils demande à son grand-père: «Grand-papa, as-tu pété aujourd'hui?»
«Non! répond le grand-père, mais pourquoi me demandes-tu cela si souvent?» «C'est que maman a dit: Quand grand-père va péter, on pourra s'acheter une piscine.»

* * *

Un homme entre dans un restaurant, apparemment très souffrant et plié en deux, et commande un sundae au caramel.

La serveuse lui demande: «Noix broyées?» «Non, répond l'homme, rhumatismes!»

**Au moment de leur rencontre,
Julie avait 21 ans et Martin, 24 ans.**

Julie

La première fois, j'ai rencontré Martin à la tabagie de mon quartier pour la première fois. Mes copines et moi nous pâmions devant lui. On s'est revus à un cours au cégep et j'avais du plaisir avec lui.

Quelques années plus tard, nous avons fréquenté le même bar. On se regardait, mais nous n'avons jamais eu l'occasion de nous croiser vraiment. Cela a duré un an, j'avais un amoureux et lui une blonde. Un moment, nous nous sommes trouvés libres en même temps et un bon soir, au même bar, on s'est retrouvés face à face. Le coup de foudre! On a jasé toute la soirée. La semaine suivante, on s'est encore retrouvés par hasard dans un autre bar que je fréquentais. Mon attirance pour lui durait depuis un an, mais le coup de foudre a eu lieu lors de notre face à face.

D'ailleurs, mes amours ont toujours commencé par un coup de foudre, cette énergie qui nous illumine et nous transporte. D'une seconde à l'autre, tu entres dans un état second, à un niveau *high*. Par la suite, il m'a téléphoné et nous sommes allés danser. Ce qui m'attirait chez lui? C'est un ensemble, il a de beaux yeux bleus… Il faut dire que durant cette période d'énergie, qui dure environ six mois, on fait des choses incroyables! Par exemple, moi qui n'aimais pas les centres sportifs, je m'y suis inscrite!

Je crois au destin, il y a des choses qui nous attendent. Nous avions à nous rencontrer sans forcer et au bon moment. Chaque fois que je forçais pour me retrouver sur sa route, ça ne marchait jamais, ce n'était pas le bon moment. Et, un beau jour, nous n'avons pu nous manquer. Nous étions tous les deux libres et prêts.

Martin

Je l'ai rencontrée la première fois au dépanneur où je travaillais. Je la trouvais très jolie mais très indépendante, voire inaccessible. On s'est revus dans un cours au cégep. On se parlait un peu, pas plus que ça, je savais qu'elle sortait avec un garçon depuis plusieurs années. Je n'avais donc aucune attente. Quelques années après, on s'est retrouvés face à face dans un bar. Le coup de foudre! On a parlé toute la soirée, elle m'a dit qu'elle fréquentait souvent un autre bar et là, je me suis arrangé pour y être. Je la trouvais très jolie et gentille; de plus, sa conversation m'intéressait. Je me suis rendu compte qu'elle était beaucoup plus accessible que je ne le croyais, je m'étais fait des idées.

Le coup de foudre amoureux, selon moi, dure environ trois ou quatre mois. Cette énergie qui nous tient éveillé jusqu'à 4 h du matin! Appelons cela comme on voudra: foudre, endorphine, énergie… On ne comprend pas où on va la chercher et, quelques années plus tard, tu ne la trouves plus et tu ne comprends pas non plus! Je crois que c'est pareil pour tout le monde. En tout cas, on dit souvent que ce n'est pas dans les bars que l'on peut faire des rencontres sérieuses… À mon avis, je crois qu'il y a un destin et quand deux êtres ont à se rencontrer, ils se rencontrent!

LE CHANGEMENT, C'EST LA VIE

*Dans une crise, ce n'est pas ce qui meurt
qui est important mais ce qui est en train de naître.*
Anonyme

Nous vivons une époque pour le moins particulière, où ceux qui aiment le changement sont servis. Il est vrai qu'à chaque époque, nous avons eu à nous réinventer mais jamais aussi rapidement que maintenant. Les événements se bousculent. Certains parlent de transformations, d'autres de mutations où les valeurs de base changent.

La vie de famille change aussi. Avant, on s'unissait en prévision d'avoir des enfants; maintenant, ce n'est plus la raison principale. Les couples sont face à face, ils s'étudient, se regardent, axés d'abord sur leur épanouissement personnel. Comme le regard de l'autre nous renvoie à nous-mêmes, s'accélère en même temps notre connaissance de soi.

Ainsi, en se redéfinissant à l'intérieur du couple, chacun est conscient de sa valeur et de sa dignité, dans le respect et l'humour. Nous aurions alors des relations de couple plus qualitatives que quantitatives.

Un immigrant kosovar, à sa descente d'avion au Québec, aperçoit les hauts dignitaires politiques: la lieutenant-gouverneur en fauteuil roulant, le premier ministre du Québec avec une canne et le premier ministre du Canada avec la bouche déplacée. «Ça n'a pas de bon sens, ça joue trop dur dans ce pays, je retourne chez moi!»

* * *

Un garçon dit à son copain: «Tu sais, j'ai économisé 2 $. Au lieu de prendre l'autobus, j'ai couru derrière lui.» Son ami s'exclame alors: «Mais tu es fou! Tu aurais dû courir derrière un taxi, tu aurais économisé au moins 10 $.»

**Au moment de leur rencontre,
Claude avait 22 ans et Gisèle, 19 ans.**

Claude

J'avais 22 ans, j'étais pensionnaire, je n'étais pas souvent chez nous, je revenais chaque été. Je m'asseyais souvent à côté de la maison pour prendre le soleil. Un jour, j'aperçus une jolie jeune fille, elle travaillait dans un bureau près d'un moulin à scie. Chaque matin, elle passait devant chez moi pour aller chercher le courrier. J'allai donc m'asseoir chaque matin à la même heure pour la voir passer. Elle était belle comme un ange, elle avait de belles jambes et paraissait un peu timide. On se faisait des *bye-bye* sans se parler. Quand elle revenait, je m'asseyais dans l'autre sens pour la voir venir et lui refaire des *bye-bye*. Elle était tellement timide qu'elle marchait de l'autre côté du chemin pour m'éviter. En le faisant, comme il n'y avait pas de trottoir de l'autre côté, elle était obligée de marcher dans la boue et salissait ses souliers, sans me regarder! Plus tard, elle m'avoua qu'elle était très fâchée contre moi, car elle devait laver ses chaussures en arrivant au bureau et ça la stressait. À un moment donné, elle finit par s'arrêter pour me parler. Je lui demandai si elle avait un ami, elle me dit que oui et c'était mon cousin. J'arrêtai de m'asseoir dehors pour la voir passer.

Puis, un jour, je l'ai revue à une soirée, on s'est parlé un peu et nous avons même dansé ensemble. C'est resté comme ça et un peu plus tard, j'ai appris qu'elle ne sortait plus avec mon cousin. Je l'ai donc rappelée, on s'est fréquentés durant deux ans. À cette époque, nos relations étaient très chastes, on n'a jamais fait l'amour avant le mariage. On sortait seulement ensemble quelques soirs par semaine.

Gisèle

J'ai rencontré Claude, la première fois, en allant au bureau de poste. Il était assis sur la galerie quand je passais vers 10 h devant chez lui. Des fois, il me sifflait. On le sent quand quelqu'un vous regarde. Au début, on ne se parlait pas. J'étais gênée, il m'impressionnait, je le savais issu d'une famille prospère (dans un village, tout se sait!). Quand je le voyais, je changeais de trottoir, je marchais dans la boue et d'autres saletés venant du moulin à scie, mais je préférais encore salir mes souliers pour l'éviter. Je portais des jupes courtes et des talons hauts, c'était la mode à cette époque, mais je trouvais ça achalant qu'il me dévisage ainsi. J'avais l'impression de marcher tout croche. À un moment donné, il m'a demandé si je sortais toujours avec son cousin, je lui ai dit que non et suis partie aussitôt. On s'est revus à une soirée et le contact s'est fait, je le trouvais très beau. Ça n'a pas été le coup de foudre, et l'amour est venu graduellement. Et ça continue depuis trente-deux ans.

**Au moment de leur rencontre,
Raynald avait 37 ans et Marie-Claude, 33 ans.**

Raynald

J'ai rencontré Marie-Claude il y a treize ans dans un centre de ski. À cette époque, je la trouvais un peu bébé gâté et jeune de caractère. On se voyait par l'entremise de nos amis, sans plus.

Quelques années plus tard, après une soirée, je l'ai embrassée. Ce fut correct sans qu'il se passe quelque chose de spécial.

Et c'est encore quelques années plus tard, à l'occasion d'un souper, que mon cœur s'est mis à battre pour elle, sans savoir pourquoi! Il faut croire que j'étais prêt, plus sérieux et mûr pour une relation. On évolue. Cupidon nous a touchés en même temps, c'est mystérieux. Comme on se connaissait depuis longtemps, les choses sont allées très vite, nous avons sauté bien des étapes d'ajustement.

Sans le petit frisson, il n'y aurait pas eu d'union, c'est certain. Il fallait que ce quelque chose d'indéfinissable arrive, sans que l'on s'en rende compte. C'est un mystère, venu on ne sait trop d'où…

Marie-Claude

J'ai rencontré Raynald il y a treize ans en donnant des cours de ski. Il était mon patron et nos relations n'étaient pas toujours faciles. Raynald semblait le petit roi de la place. On ne se voyait pas souvent, je n'étais pas son genre, il sortait avec des filles style *glamour*. Aucune chance avec lui, ça adonnait bien, car il n'était pas mon genre. Nous sommes restés amis, sans plus. Quand on se voyait à l'occasion, nous aimions parler ensemble.

Des années plus tard, il m'a embrassée lors d'une soirée… Il ne m'intéressait toujours pas plus comme amoureux.

Sept ans après, je me suis trouvée chez lui avec des amis et nous avons passé une soirée bien arrosée… Tout le monde avait envie de se changer les idées. Étant incapable de conduire mon auto, je suis restée à dormir chez lui. Il ne s'est rien passé ce premier soir, sauf quelque chose d'inexplicable, comme une espèce de frisson… Tout nous semblait très normal, nous nous connaissions depuis longtemps et nous nous sommes rapidement adaptés à cette nouvelle situation. Nos amis ont eu plus de mal… Ils ne nous auraient jamais imaginés ensemble.

Depuis ce temps, je vis avec lui et nous attendons un enfant. Notre histoire est celle d'une longue amitié qui s'est transformée en amour.

LE REPOS
(MAIS PAS LE DERNIER...)

L'oisiveté est, dit-on, la mère de tous les vices,
mais l'excès de travail est la pire de toutes les soumissions.
Albert Jacquard

Le temps se vengera de ce que l'on fait sans lui.
Michel Serre

Quand la fatigue prend le dessus, toute situation de vie devient plus difficile. On se dispute pour un oui ou pour un non et on augmente nos risques d'accidents. D'ailleurs, il a été remarqué que durant le changement d'heure au printemps (une heure de moins), les accrochages sur la route étaient plus fréquents.

Nos grands-parents dormaient une heure et quart de plus chaque jour, ils étaient plus calmes et moins irritables. Bien que très occupés, ils s'accordaient aussi une petite sieste après le repas du midi, avant de reprendre leurs activités.

Dans certaines entreprises, on commence à comprendre que les travailleurs disposant d'un lieu aménagé pour le repos sont plus productifs et moins stressés.

Je me considère comme une «défenderesse» de la non-vitesse dont le slogan serait: «On a tellement couru qu'on n'a rien vu.»

J'ai du mal à croire en l'équilibre d'une famille dont les parents mènent chacun de leur côté une vie professionnelle exténuante. Malheureusement, dans notre société, il est plus valorisant de connaître un logiciel que d'élever ses enfants. Je maintiens toujours que la solution passe par une diminution des heures de travail à l'extérieur, moins de faux besoins et plus de plaisir ensemble.

La fatigue et le surmenage entraînent accidents, dysfonctionnement physique, dépression et, parfois, séparation. Aussi l'expression «se réconcilier sur l'oreiller» prend-elle tout son sens si l'on n'oublie pas d'y dormir un peu…

Un travailleur, en recevant son salaire, se rend compte qu'on lui a remis 10 $ de trop, mais il n'en dit mot. La semaine suivante, il s'aperçoit qu'on lui a enlevé 10 $ de salaire. Il va donc voir son patron pour lui faire part de l'erreur. Ce dernier lui dit: «La semaine dernière, tu as reçu 10 $ de plus et tu n'as rien dit.» Et le travailleur de répondre: «Une erreur, ça va, mais deux, je ne le prends pas!»

Deux avocats discutent. L'un dit à l'autre: «Soyons honnêtes.» La discussion s'est arrêtée immédiatement.

* * *

Le problème avec l'éternité, c'est que, vers la fin, c'est long…

* * *

Le sommeil était de beaucoup ce qu'il y avait de plus profond en lui.

**Au moment de leur rencontre,
Anne-France avait 22 ans et Guy, 25 ans.**

Anne-France

J'étais allée travailler dans une autre ville. Au début, le directeur de mon établissement présenta tout le monde. Quand je
le vis, ce fut le coup de foudre. Je me dis: «Voilà le gars que je
cherchais.» Faute d'espace, je ne pouvais avoir de bureau à
moi, je m'arrangeai donc pour être tout près de lui. À l'heure
du lunch, je lui demandai s'il avait apporté son repas. Il me dit
non et nous décidâmes d'aller manger ensemble au restaurant. Comme il pleuvait, je lui offris une place sous mon parapluie. J'utilisais encore le petit parapluie vert à pois blancs de
mon enfance. Comme il n'y avait pas beaucoup de place, il
refusa, gêné. Il portait une barbe et des cheveux longs, je le
trouvais beau et il avait une voix douce et gentille. Il était très
mince. Ce qui me plaisait le plus, c'était ce qu'il dégageait.

Un bon soir, mon père me téléphona pour prendre de
mes nouvelles. Je lui dis que j'aimais beaucoup mon nouveau
travail et que j'étais amoureuse d'un beau garçon, un coup de
foudre! Étonné, mon père dit à ma mère: «Georgette, viens
parler à ta fille, la petite est en amour.» Ma mère répondit: «Eh
bien, il était temps!…» Et ça continue.

Guy

J'ai rencontré Anne-France à Hull, au travail. À son arrivée, après les présentations du directeur, elle avait l'air assez perdue, elle ne connaissait pas les lieux. Je l'invitai à aller dîner. Ce ne fut pas le coup de foudre. Je lui trouvais de beaux yeux, un air intelligent et j'avais envie de mieux la connaître. Puisqu'on travaillait dans le même bureau, on se voyait souvent. Je me suis attaché à elle graduellement. Elle avait un appartement et j'y allais souvent. Un beau jour, nous avons fini par demeurer ensemble.

D'une certaine manière, je crois qu'elle est responsable du fait qu'on a abouti ensemble. Je me sentais bien et à l'aise avec elle, elle n'était pas achalante. Pour moi, c'est ça l'amour!

**Au moment de leur rencontre,
Danielle avait 43 ans et Benoît, 38 ans.**

Danielle

Je l'ai rencontré chez une amie, qui était soit dit en passant sa sœur. Quand elle nous a présentés, j'ai ressenti un petit frisson dans le dos. Un peu plus tard dans la soirée, j'ai croisé son regard profond, lointain, un instant suspendu dans le temps, un regard pas avec les yeux, avec le néant autour. C'était la première fois que je vivais une rencontre comme celle-là. Nous avons jasé toute la soirée. À un moment donné, il fallait bien aller dormir. Je suis montée la première en haut, au deuxième étage, il y avait deux lits dans la chambre. J'ai eu l'idée de prendre toutes les couvertures de l'autre lit et de les mettre dans le mien. Lorsqu'il est arrivé, il fallait bien qu'il se couvre, il faisait froid et il m'a dit: «Ça ne te dérange pas que je dorme avec toi?» et il a partagé mon lit et toutes les couvertures et c'est ainsi qu'on a encore mieux fait connaissance. Peu de temps après, il est venu habiter avec moi et ça continue.

Benoît

J'arrivais sur le pouce de Québec, c'était une journée vraiment exécrable, il pleuvait. J'avais eu beaucoup de difficulté à me rendre, ça m'avait pris au moins deux jours pour arriver à Percé. Je suis arrivé chez ma sœur, il n'y avait personne dans la maison, je me suis étendu sur le divan et, tout à coup, ma sœur rentre avec sa copine. J'aperçois une belle fille, sauf que je me suis dit: «On ne sait jamais, elle n'est peut-être pas libre» et tout a arrêté dans ma tête. Je l'ai trouvée au premier coup d'œil à mon goût.

Durant la soirée, je jasais. À un moment, nos regards se sont croisés et je me suis transporté là-dedans. J'étais libre, elle aussi. Je suis resté quelque temps chez ma sœur. On se voyait souvent et, quelques semaines plus tard, je montais à Québec ramasser mes affaires pour revenir habiter avec elle.

Moi, je n'aime pas vivre à moitié, par exemple «chacun son appartement». Quand je suis amoureux, j'aime vivre pleinement, tout partager avec l'autre. J'ai des copains qui se plaignent d'être seuls, qui aimeraient bien rencontrer quelqu'un, sauf qu'à les écouter parler, ce n'est pas surprenant qu'ils le soient, on sent qu'ils ne sont pas prêts à tout partager: «On veut ou on ne veut pas.» Il faut dire que ce n'est pas donné à tout le monde de vivre à deux, ce n'est pas tout le monde qui veut se partager. Je trouve aussi que c'est important de bien finir une relation avant d'en commencer une autre, sinon on démarre l'autre relation tout croche. Quand on termine bien une histoire, on se sent encore plus libre, on ne traîne pas de vieux bagages et on est en paix avec soi-même.

Je ne m'attendais vraiment pas à rencontrer quelqu'un chez ma sœur, j'arrêtais seulement pour lui dire bonjour, avant de m'en aller vers le Nouveau-Mexique. C'est bien rigolo...

LE POUVOIR DES FEMMES

Un souvenir d'amour ressemble à l'amour;
c'est aussi un bonheur.
Goethe

Avez-vous remarqué que ce sont souvent les femmes qui donnent un petit coup de pouce au destin en organisant une suite à la première rencontre? Dans nos témoignages, une expression revient fréquemment: «Je me suis arrangée pour…»

À ce propos, mon compagnon d'aventures m'a dit, un jour, tout en ajustant son chapeau et son manteau dans le miroir: «J'ai le don de me choisir de beaux vêtements.» Je lui ai rétorqué d'un ton taquin: «Tu as aussi le don de te choisir de belles femmes!» et il m'a répondu le plus sérieusement du monde: «Ce n'est pas moi qui les choisis, ce sont elles qui le font…» Et il a ajouté: «C'est le pouvoir qu'ont les femmes!»

Un homme se présente dans un bureau d'embauche. Il fait parfaitement l'affaire, quand le directeur du personnel lui pose une dernière question: «Êtes-vous marié?» «Non», répond le candidat. «Alors, je regrette. Nous voulons des employés déjà entraînés à obéir.»

Quand un homme bat une femme, c'est de la violence. Quand une femme bat un homme, c'est de l'éducation...

* * *

Deux couples vont passer une fin de semaine dans une auberge, un couple de taille normale et un couple de nains. Le soir venu, la femme de taille normale tente de séduire son conjoint, hélas! sans y parvenir. Il dort! Déçue, la pauvre est restée toute la nuit les yeux grands ouverts. Par contre, elle a entendu le couple nain dire: «Youpedie! Youpedie!» Le lendemain matin, l'air envieux, elle leur demande: «Qu'avez-vous fait toute la nuit pour crier comme ça?» Le couple nain répond: «Nous avons essayé toute la nuit d'embarquer sur le lit... sans jamais y parvenir!»

* * *

On ne doit pas rire des riches, car ça pourrait nous arriver!

**Au moment de leur rencontre,
Hélène avait 16 ans et Claude, 18 ans.**

Hélène

Claude demeurait chez ma tante et sortait avec une fille qui était ma voisine. C'est un peu comme ça que je l'ai connu. Je ne portais pas vraiment attention à lui. C'était un garçon parmi d'autres. Un jour, il a commencé à m'amener danser. Le temps a passé, on allait encore danser ensemble, mais je ne portais pas particulièrement attention à lui. Par contre, lui portait un regard sur moi qui finit par m'accrocher. C'est ce qui m'a plu en premier chez lui, non pas son physique, mais sa façon de toujours m'appuyer du regard.

Notre relation a été difficile au début. On s'est souvent laissés et c'est lui qui revenait toujours. Puis, il est parti un été entier. Il m'avait écrit quelques fois mais, dans ma tête, c'était fini. Pourtant quand il est revenu à l'automne, il m'a téléphoné et tout a recommencé. Ce ne fut pas le coup de foudre entre nous. L'amour s'est installé petit peu à petit peu. On s'est fréquentés longuement, pendant trois ans je crois, et la relation a pris de plus en plus d'importance dans ma vie.

Claude

Je l'ai connue dans l'autobus qui nous conduisait à l'école. Je sortais avec une autre fille, mais quand la relation a pris fin, j'ai commencé à regarder de plus en plus Hélène. Je la trouvais très belle; elle avait une petite jupe courte…! Elle était très indépendante par contre, mais je crois que ça m'a encouragé à continuer. Je l'ai toujours eue dans l'œil. J'étais toujours attiré vers elle et ça n'a pas changé! Je travaillais sur une ferme et j'essayais toujours de passer par chez elle lorsque je faisais les foins ou que je conduisais le tracteur. Je me souviens que je détestais l'école et que j'ai continué un peu plus longtemps seulement pour la voir dans l'autobus!

Aux soirées de danse, je me suis mis à l'inviter à danser. Graduellement, on s'est aimés! Et on s'est mariés!

L'INFIDÉLITÉ

La haine, ô ma belle, a donc pris décidément dans ton cœur
la place de l'amour!… Eh bien, soit! (…) mais rends-moi,
je te prie, avant notre rupture, toutes les caresses que je t'ai faites,
et tous les baisers que je t'ai donnés.

Amaru (VIIe siècle)

Voici une histoire vécue et racontée par Dominique.

Je travaillais à l'époque dans une agence spécialisée dans les croisières. J'avais un bon client belge que je nommerai M. V.

Un jour, il me téléphone pour réserver un voyage pour deux personnes au Venezuela. C'était un luxueux forfait de deux semaines comprenant une croisière de six jours. Quelques heures après son arrivée là-bas, il m'appelle à l'agence, pas content du tout, car le bateau n'était pas au rendez-vous.

– C'est intolérable, le bateau n'est toujours pas là, vous avez la matinée pour arranger ça!

Il était vraiment furieux… C'était compréhensible, surtout dans des îles perdues face au Venezuela! Je me suis donc décarcassée pour joindre le skipper du bateau et faire en sorte qu'il se rattrape auprès de mon client. Tout était censé rentrer dans l'ordre.

Trois jours plus tard, la réceptionniste me dit: «Tu as Mme V. au bout de la ligne.» J'interromps une conversation pour lui parler en priorité et, sans lui laisser le temps de dire quoi que ce soit, je lui demande un peu anxieuse:

– Allô, Mme V. Comment ça va avec le bateau? Était-il au rendez-vous?

J'entends un grand soupir, une voix très, très claire me répondre:

– Je suis bien Mme V., mais je ne suis pas au Venezuela, je suis en Belgique!

Là, je reste interloquée! Elle me demande:

– Alors, ce voyage pour deux personnes au Venezuela a vraiment eu lieu! Je viens de recevoir à la maison un questionnaire d'appréciation venant de votre agence!

(Un service de secrétariat à l'agence se chargeait d'envoyer automatiquement un questionnaire à tous nos clients quelques jours après leur départ pour être sûr qu'ils l'aient dès leur retour.)

En un éclair je comprends tout et me dis: «Mince, il y a une deuxième Mme V. et ce n'est pas celle que j'ai au bout du fil!» Je me souviens alors que M. V. m'avait demandé pour ce voyage de lui envoyer tous les papiers à son bureau sans d'autre consigne. Je ne trouve rien d'autre à dire à Mme V. qu'un pitoyable:

– Je suis désolée, j'ai bien vendu un voyage pour deux à votre mari.

En même temps, j'en voulais à M. V. de n'avoir pas été plus précis avec moi.

– Vous comprenez, ça m'a fait «couack», mon mari m'a dit qu'il partait faire du ski en Suisse.

– Ah!… lui dis-je avec un nœud dans l'estomac en imaginant déjà le prochain coup de fil de mon client.

Dix jours après, je reçois l'appel tant appréhendé de M. V…

– Bonjour, Mme Dominique, je viens juste de rentrer et je suis au bureau. Je voulais vous féliciter, car notre voyage s'est finalement très bien déroulé, le skipper était super et nous a fait passer un très bon séjour à bord, etc.

Il paraissait ravi de ses vacances…

Mais moi, je n'avais qu'une idée en tête: lui raconter l'appel de sa femme! Mon collègue, qui écoutait également la conversation sur le haut-parleur, me fit signe de ne rien dire… Ce que j'ai fait, sans vraiment savoir pourquoi… Est-ce par manque de courage ou simplement pour ne pas lui gâcher son plaisir?

Le lendemain matin, premier appel:

– Bonjour, Mme Dominique, ici M. V. Auriez-vous eu dernièrement un appel de ma femme?

– Oui, justement, je voulais vous en parler hier. Mais je me suis pris à la conversation au sujet du voyage et j'ai oublié de le faire… Je pense qu'elle a reçu malencontreusement un questionnaire concernant votre voyage…

– Ah! ça vient de là! Parce que, voyez-vous, j'avais dit à ma femme que j'allais skier en Suisse avec des copains. Et quand je suis arrivé hier midi à la maison, avec mes skis, mes bâtons et mon bonnet sur la tête, j'ai voulu mettre la clé dans la serrure et j'ai trouvé toutes les serrures changées…

J'ai commencé tout doucement à me retenir de rire. J'imaginais le tableau. Il continue… j'appréhende la catastrophe.

– Ma femme m'a mis à la porte, vous savez, je vis de gros bouleversements… En plus de cela, ma maîtresse a très mal pris le fait que je sois désemparé et elle aussi a décidé de me laisser tomber… Voilà où j'en suis!

J'ai commencé à me sentir mal à l'aise, gênée et, un peu sur la défensive, je lui dis:

– Mais, M. V., vous auriez dû exiger la confidentialité. Cela m'aurait évité de me sentir en porte-à-faux avec votre femme.

Là, je m'attendais vraiment à ce qu'il m'engueule. Finalement, il me dit:

– Mme Dominique, vous savez, vous m'avez rendu un immense service… Ma situation était devenue insupportable et cela durait depuis dix ans. Quand je partais en voyage avec ma femme, il fallait que j'en fasse un plus beau avec ma maîtresse. Quand j'achetais un bijou à l'une, il fallait en acheter un plus cher à l'autre. C'était une surenchère en tout… Et je ne vous parle pas des mises en scène et des détails vestimentaires comme celui de passer des vacances au Venezuela avec des manches longues, des pantalons et des chaussettes pour avoir un bronzage de montagne.

Je me suis pincée pour ne pas éclater de rire. Il renchérit:

– C'était finalement plus possible. Maintenant, les deux m'ont quitté et je m'en porte très bien. On pourrait dire que, sans vous en rendre compte, vous avez fait un sacré nettoyage dans mon existence…

Je suis estomaquée, vraiment estomaquée! Puis, en changeant de ton, il me dit:

– D'ailleurs, j'aimerais vous remercier. Je viens à Paris sous peu, pourrais-je vous inviter à dîner? Vous avez une voix charmante…

Je raccroche poliment et dis à mon collègue:

– Il n'est pas guéri!

Un homme de race blanche visite une réserve amé-
rindienne. À un moment donné, en visitant une
hutte, il s'exclame en voyant un couple:
– Mais que font-ils? Ils font l'amour?
– Mais non, répond le guide imperturbable, ils font
du vélo.
Un peu plus loin, il remarque la même chose, il
insiste:
– Non mais, je ne rêve pas, ce couple là-bas fait bien
l'amour?
Le guide lui répond toujours:
- Non, non… ils font du vélo.
Enfin, pour une troisième fois, devant le même spec-
tacle, l'homme dit:
- Mais regardez ça! Il y en un qui est monté sur mon
vélo!

* * *

Quelle différence y a-t-il entre son auto et son mari?
Son auto, si on ne l'entretient pas, elle ne partira pas.
Son mari, si on ne l'entretient pas, il partira.

* * *

L'homme ne trompe pas sa femme, il se trompe de
femme!…

**Au moment de leur rencontre,
Hélène avait 35 ans et David, 36 ans.**

Hélène

J'ai rencontré David autour d'un feu de camp, lors de la Saint-Jean-Baptiste. Je le trouvais un peu bizarre, je me demandais la raison pour laquelle il gardait ses cheveux si courts. Il était différent des autres, c'est pourquoi je le remarquai. Je l'ai revu quelques mois plus tard, à l'occasion d'une partie de volley-ball; il faisait partie d'un groupe que je connaissais. Je le voyais de temps à autre, sans plus.

Je vivais déjà en couple et à l'époque, mon mari partait travailler dans le Nord six mois par année. Dans mon groupe d'amis, j'avais une copine mariée qui était amoureuse d'un gars du groupe et il m'arrivait de l'aider à le rencontrer. Quant à David, il aidait aussi le garçon à rencontrer mon amie.

Je remarquais l'attention que me portait David, il me faisait rire et passait du temps avec moi. En fait, il avait pris une gageure avec un autre copain du groupe à qui je plaisais, à savoir lequel des deux m'aurait. Je me souviens qu'à un moment donné, David avait placé sa main dans mon dos et j'ai senti comme une chaleur, un courant électrique. David a gagné. Ça n'a pas été le coup de foudre, il m'a plu graduellement.

Nous étions les chaperons de nos deux amis qui n'ont pas réussi à former un couple, alors que nous, leurs gardiens, avons fini par vivre ensemble.

David

J'ai rencontré Hélène à la Saint-Jean. Nous étions autour d'un feu et Hélène était en face de moi. J'ai remarqué ses yeux brillants à travers les flammes. Je l'ai revue plus tard à l'automne, à un tournoi de volley-ball. J'aidais un ami marié à rencontrer une copine du groupe en lui servant d'alibi. J'avais un œil sur Hélène et je n'étais pas le seul… Un soir, après avoir bu quelques bières, j'ai pris le pari d'être le premier à sortir avec elle. Ça ne devait pas aller plus loin, je ne cherchais pas à m'engager et Hélène était mariée.

Je gagnais… Je voyais Hélène de temps en temps, elle ne restait jamais chez moi longtemps.

Quelques mois plus tard, la situation commençait à m'agacer, je supportais de moins en moins de la voir retourner dans le lit de son mari. Un beau jour, je lui ai demandé de choisir, elle m'a choisi. Avant ce jour, mes copains et copines essayaient toujours de me caser, ils s'occupaient de moi, j'appartenais au groupe. En même temps, mes amis ont été tristes de me perdre, moi le célibataire endurci.

BON VIEUX DÉSIR, OÙ TE CACHES-TU?

En amour, il n'y a pas de plus terrible désastre que la mort de l'imagination.
George Meredith

Est-ce que l'usure du désir dans le couple est en relation directe avec l'usure de son corps? Et qu'observe-t-on quand la beauté plastique fout le camp?

Une tignasse grise (quand il en reste…) qui va dans toutes les directions. Des sourcils qui disparaissent chez la femme et poussent démesurément chez l'homme. Les yeux se creusent, soutenus par de petites poches en dessous et au-dessus. Le nez et les oreilles s'allongent. La peau, devenue grisâtre, plisse. Les lèvres se dégonflent. Les mentons s'additionnent. Les épaules tombent. Une poitrine, fatiguée de marcher la tête haute, regarde le sol d'un air résigné. Un bedon qui ne sait plus où se cacher. Des fesses qui s'affaissent parce qu'avec le temps, le nombril s'est lentement dévissé… Des testicules emprisonnés dans un sac qui semble s'étirer indéfiniment… vers le bas. Un pénis qui laisse croire à son maître qu'il est fort, puisqu'il est capable de le plier avec ses deux mains. À cela, ajoutons prothèses, lunettes, cannes qu'on enlève avant d'aller au lit…

Qui vient à la rescousse? À moins de marcher la tête en bas, le temps nécessaire pour corriger les dommages… C'est l'humour, l'imagination pour se voir autrement (c'est permis). L'humour dans l'amour. Je m'évertue, depuis plusieurs années, à prôner ses bienfaits. À mon avis, l'esprit n'a pas de meilleur outil pour transformer toute situation à son avantage.

Lorsqu'on est capable de se regarder l'un et l'autre avec humour et amour, les modifications physiques n'ont plus d'emprise sur nous. On dit: «Tant qu'il y a de la vie, il y a de l'espoir» et pourquoi pas: «Tant qu'il y a du rire, il y a de la vie.»

De toute façon, ces changements se font graduellement et nous laissent tout le temps qu'il faut pour nous y habituer, à tel point qu'André Malraux a dit un jour: «Il n'y a que les autres qui nous voient vieillir.»

À défaut de combattre l'inéluctable, nous avons, durant cette seconde partie de vie, tout le loisir de cultiver et de développer notre beauté intérieure en nous ouvrant au monde, sans craindre d'abuser du rire et de l'humour.

Trois bons amis venant de se marier décident de passer leur nuit de noces dans le même hôtel.

Durant la veillée bien arrosée, ils conviennent de se donner des nouvelles, dès le lendemain matin au petit déjeuner, sur leurs ébats nocturnes, selon un code secret afin de ne pas choquer leurs femmes.
Le premier, un jeune homme de vingt-cinq ans, entre dans la salle à manger en lançant joyeuse-ment:
– Bonjour, bonjour, bonjour, bonjour, bonjour!
Le second, dans la quarantaine, lui répond:
– Bonjour, bonjour, bon…
À ce moment-là, le troisième, dans la soixantaine, arrive et mi-figue, mi-raisin dit:
– Salut, les amis!

* * *

Connaissez-vous l'histoire de la pauvre Gisèle qui s'était fait remonter le visage?
Quand elle vit la facture, le visage lui retomba.

* * *

Une jeune femme interpelle un policier dans la rue.
– À l'aide! crie-t-elle, un simple d'esprit m'a violée!
– Comment pouvez-vous savoir qu'il était arriéré mental?
– J'ai dû l'aider!

**Au moment de leur rencontre,
Gaétanne avait 26 ans et Jacques, 30 ans.**

Gaétanne

Je suis originaire de Saint-Georges de Beauce. J'étais allée avec une copine à une soirée donnée dans un hôtel à quelques kilomètres de chez nous. Il s'y trouvait de trois cents à quatre cents personnes. Le maître d'hôtel nous plaça à une table où il y avait déjà deux garçons.

Jacques se trouvait à côté de moi. Nous avons passé une soirée agréable à parler et à danser ensemble jusqu'aux petites heures du matin.

Après cette soirée, nous sommes repartis chacun de notre côté. Quinze jours plus tard, ma copine et moi avons décidé de retourner veiller au même endroit. Il y avait toujours autant de monde et, comme par hasard, le maître d'hôtel nous plaça de nouveau à la table des deux garçons. À mon grand plaisir, je dois dire, je passais la soirée exclusivement avec Jacques. Il avait un grand sens de l'humour. Il faisait beaucoup de blagues qui me faisaient mourir de rire. De plus, il dansait merveilleusement bien. J'ai eu pour lui presque un coup de foudre. C'est ainsi que notre histoire d'amour a débuté et après vingt-cinq ans de vie commune, il me fait toujours rire.

Jacques

Mon copain et moi devions aller veiller à l'hôtel *Le Britannia*. En cours de route, on a changé d'idée pour se ramasser à l'auberge *La seigneurie* à Sainte-Marie de Beauce. Installés à une bonne table, nous voyons arriver derrière le maître d'hôtel,

Gaétanne et sa copine. Deux filles sympathiques avec lesquelles on a passé toute la soirée.

Deux semaines plus tard, au même hôtel, on se retrouve encore avec les deux mêmes filles à notre table. Je me suis dit que sur les quatre cents personnes à placer, le maître d'hôtel devait avoir une sacrée mémoire pour nous installer à la même table. Mais était-ce le hasard ou sa mémoire? Je crois plutôt que c'était sa mémoire! Cet homme avait de l'expérience et devait s'arranger pour replacer ensemble les personnes qui avaient l'air de bien s'entendre. L'orchestre était excellent, il jouait, entre autres, la musique du film *Il était une fois dans l'Ouest*. J'ai beaucoup dansé avec Gaétanne. Je la trouvais belle et vivante. J'aimais beaucoup blaguer avec elle et la faire rire. Elle avait l'air déterminée et de savoir ce qu'elle voulait: une femme de tête. Comme son anniversaire arrivait trois semaines plus tard, je lui ai envoyé une carte de souhaits et, en même temps, je l'ai invitée à passer une fin de semaine à Québec où j'habitais.

Un mois plus tard, je lui ai dit: «Je n'ai pas le goût de voyager en permanence entre Québec et la Beauce… pas envie de "niaiser avec la poque".» La décision fut rapide, je l'avais connue en octobre et, en juin l'année suivante, nous étions mariés.

L'AMITIÉ
DANS L'AMOUR

Il est important de se rappeler que chacun de nous deux est un ange pourvu d'une seule aile et que nous ne réussirons à voler qu'en nous étreignant.
Luciano de Crescenzo

Pour qu'un couple de qualité existe dans la durée, un lien amical est essentiel dans la relation.

Le sentiment d'amitié dans l'amour est puissant, unique, rare, il se construit et se mérite.

Il est puissant, car il est la combinaison de sentiments altruistes. Aristote a dit que «l'amitié, c'est un autre soi-même, c'est vouloir le bien de l'autre». Être ami avec son amour, c'est partager le rire, la complicité, l'entraide. Être en amour avec son ami, c'est partager sa vie, regarder dans la même direction.

C'est une combinaison unique avec l'interférence de certaines attitudes empruntées à l'amour et à l'amitié.

Il faudrait trouver un seul mot pour le nommer… S'il ne l'a pas encore été, c'est qu'il approche un idéal et qu'au fond, il est rare.

Il n'y a pas si longtemps, il n'était pas concevable de parler d'amitié dans un couple. Les mots «amis» et «amants» étaient contradictoires. L'amour naissait sur un fond de conquête guerrière… Combien de couples vivent une relation hostile, chacun sur ses gardes n'osant rien dévoiler de leurs faiblesses de peur d'être mis à nu, démolis ou rejetés? Aucun sentiment d'amitié n'existe dans ce genre d'attitude. Et pourquoi cela ne changerait-il pas?

Paule Salomon dit: «Si l'amitié s'introduit dans l'amour, c'est que nous sommes dans une redéfinition, dans un élargissement de l'amour.»

L'évolution actuelle et les changements de société tels que l'égalité des sexes, la croissance personnelle et la communication contribuent à l'émergence de cette nouvelle conception du couple. Il faudra peut-être des générations pour que cette idée soit intégrée dans notre conscience collective.

Présentement, l'amour demande admiration, fierté, respect. Bien souvent, ce n'est pas sur l'épaule de notre conjoint que nous pleurons nos «bleus» de l'âme.

Il faudrait une grande dose de confiance mutuelle pour pouvoir le faire. Elle s'installe avec le temps. C'est le temps seul qui nous apporte la preuve que notre confiance placée chez l'autre n'a pas été trahie.

La confiance est fragile, elle se perd plus vite qu'elle ne se gagne.

Un couple de simples d'esprits jasent. L'un demande à l'autre: «Avons-nous des relations sexuelles?» Le conjoint répond: «Bien sûr!» Et l'autre de renchérir: «On devrait les inviter ce soir!»

* * *

Durant la période de pêche, on a pu lire chez un vendeur de vers ce slogan convaincant: «Venez choisir vos vers avant qu'ils vous choisissent!»

**Au moment de leur rencontre,
Claudette avait 26 ans et Raymond, 34 ans.**

Claudette

Je connaissais Raymond depuis toujours, car nous étions voisins. Lors d'une soirée de danse chez des amis, Raymond était là et il m'a invitée à la première danse, j'ai accepté et nous avons continué une grande partie de la soirée. À compter de ce jour, je n'ai plus regardé mon voisin de la même façon. Je le trouvais beau, ce que je n'avais pas vraiment remarqué auparavant. Il avait les yeux et les cheveux très noirs, il était costaud, intelligent et son père disait de lui qu'il était capable de «faire un chèque».

Deux semaines plus tard, je l'ai revu à l'église un dimanche. Il était assis sur le banc en avant du mien. Laissez-moi vous dire que je n'ai rien écouté de ce que disait le curé. En sortant de l'église, nous avons jasé sur les marches et il m'a invitée à aller prendre un café au restaurant de Mme Thibault. Il m'a raccompagnée dans sa voiture à cheval (il n'y avait pas d'autos en ce temps-là!). À mi-chemin, il s'est arrêté pour m'embrasser. J'en étais très heureuse, j'aurais fait des kilomètres avec lui dans cette voiture cahotant sur la gravelle. Mon voisin me plaisait de plus en plus, il occupait toutes mes pensées. Par chance, cela a été réciproque et, peu de temps après, nous nous sommes fiancés.

Raymond

Ça faisait longtemps que j'avais remarqué Claudette avant de la voir, ce soir-là, chez des amis.

J'avais le béguin pour elle, sans avoir jamais osé l'approcher. Elle était issue d'une famille bourgeoise, son père était notaire.

Je me suis précipité pour être le premier à l'inviter à danser. J'en avais les jambes molles, elle m'impressionnait avec ses longs cheveux qui descendaient jusqu'à la taille et son maintien de princesse lui donnant un air très distingué.

Je l'ai revue à l'église le dimanche suivant et je me souviens l'avoir ramenée chez elle dans ma carriole. En cours de route, je l'ai embrassée. J'ai senti à ce moment-là qu'elle serait la mienne. Peu de temps après, je l'ai demandée en mariage. Mon père, qui était fermier, m'a donné un coin de sa terre où je nous ai construit une jolie maison. Un an plus tard, nous étions mariés et installés.

**Au moment de leur rencontre,
Florence avait 19 ans et Alfé, 21 ans.**

Florence

J'ai rencontré Alfé sur le bateau de mon père, il y travaillait comme chef mécanicien. «Je viens d'embaucher un gentil garçon qui aimerait bien te rencontrer», me dit mon père.

Piquée dans ma curiosité, un bon dimanche, je me suis rendue sur le bateau avec mon père. En pénétrant dans la cuisine, je suis tombée sur Alfé. Je le trouvais charmant et joli garçon. Il portait des jeans bleu pâle et une chemise blanche. Pour me taquiner, il m'a dit: «Que fais-tu ici, toi?» Je lui ai répondu: «La même chose que toi!» Nous avons parlé un peu, toujours sur un ton taquin.

Le lendemain, le bateau partait avec tout son équipage pour un voyage d'une semaine. Lors d'une escale, j'ai reçu un appel d'Alfé. Entendre sa voix me fit tout chaud au cœur. Il m'a dit: «Quand je serai de retour, j'aimerais te revoir.» Je lui ai donné rendez-vous chez moi. Je comptais les jours, car j'avais bien hâte de le revoir. Le fameux soir de nos retrouvailles, nous avons jasé toute la soirée ensemble et, tout naturellement, il m'a embrassée avant de s'en aller. J'étais réellement accrochée. Ce n'était pas vraiment un coup de foudre, mais sa présence m'apportait un immense bien-être. Un an plus tard, nous étions mariés.

Alfé

Je travaillais sur un bateau et je savais que mon patron avait une très jolie fille. De temps en temps, tout en blaguant, je lui demandais: «Quand allez-vous me présenter votre fille?» Il me répondait avec humour: «Si tu penses que je vais donner ma fille à n'importe qui!»

Un dimanche, au port d'attache du bateau, j'étais assis dans la cuisine en train de lire et j'ai vu descendre de l'escalier une très jolie brunette suivie de mon patron. En deux secondes, j'ai compris qu'elle était sa fille. Au moment des présentations, je lui ai serré la main et j'ai ressenti une onde électrique jusqu'à l'épaule. Elle paraissait sérieuse et réservée. Je me souviens que nous nous sommes taquinés. Le bateau partait le lendemain pour déposer une cargaison dans un autre port. Durant cette semaine loin de Québec, j'ai rêvé d'elle en regardant la mer. Je n'avais qu'une seule idée en tête, lui téléphoner dès notre première escale. Ce que j'ai fait, en ne sachant pas trop quoi lui dire parce que je ne l'avais rencontrée que très brièvement. Ça a été plus facile que je ne pensais et elle m'a invité à venir la voir dès mon retour. Je la trouvais très intéressante et drôle par-dessus le marché, quoique un peu grassouillette. Je me suis dit: «Après tout, ça m'en fera un peu plus à aimer…»

Je l'ai épousée un an plus tard.

POURQUOI RIRE QUAND TOUT VA MAL?

Pour permettre à la situation de changer.

Tant que sur Terre il restera un homme pour chanter,
il nous sera encore permis d'espérer.
Gabriel Celaya

J'ai remarqué que même sous la pluie, les oiseaux continuent à chanter…

Après avoir lu mon livre *La rigolothérapie*, une dame m'a écrit une lettre désespérée en ces termes: «Mon mari m'a laissée… je dois déménager, car mes voisins du haut font tellement de bruit que j'arrive à peine à dormir… Après quinze ans de travail en manufacture, j'ai perdu mon emploi et n'ai le droit qu'à l'aide sociale… J'ai un adolescent qui fonctionne bien en classe mais à qui je ne peux offrir que le strict nécessaire sans la moindre gâterie. Avec tous ces soucis, ma santé est devenue fragile… La vie est injuste.»

Et elle conclut sèchement: «Madame, quand j'aurai des raisons de rire, je vous le ferai savoir.»

Elle a même pris soin d'inscrire son adresse!

Voici ce que je lui ai répondu: «Madame, vous avez toute ma sympathie, mais permettez-moi de vous dire que pour donner une chance à votre situation de changer, commencez par apprécier ce que vous avez: par exemple, votre enfant qui réussit dans ses études comme vous l'avez mentionné et, en y réfléchissant bien, vous trouverez sûrement d'autres choses. En somme, concentrez-vous sur ce qui va bien.

«Dans cet état d'esprit, essayez de retrouver le sourire et de rire, même si cela demande un effort au début. C'est un exercice très sain qui va permettre à votre situation de prendre une autre tournure. Vous deviendrez plus positive, vous attirerez des gens et des situations plus avantageuses.

«Apportez moins d'attention aux gens négatifs ou plus malheureux qui vous donneraient l'illusion que votre vie ne va pas si mal. C'est un leurre. Recherchez la compagnie de personnes positives et généreuses, elles vous stimuleront et vous donneront de l'énergie.»

Une autre fois, j'ai rencontré un jeune homme de vingt-neuf ans, directeur d'une grande entreprise. Je lui ai demandé comment il en était arrivé là, à son âge. Il m'a dit: «J'ai toujours été content, j'appréciais ce que j'avais et cela m'a permis d'en avoir plus.»

Un jour où nous étions entre amies, réunies autour d'une table, l'une d'elles me dit: «Tout va de mieux en mieux pour toi, comment fais-tu?» Avant que je puisse répondre, une autre lui répond: «Dans ses périodes difficiles, Paule n'a jamais perdu le sourire et le rire.»

Je dois admettre que j'apprécie ce que j'ai, que j'en aie peu ou beaucoup. Je m'extasie surtout des petits cadeaux gratuits de la vie: par exemple, un bon verre d'eau fraîche, quel bonheur! (Peut-être que dans une vie antérieure, mon gosier s'est asséché, qui sait!) Ou encore, regarder lever mon gâteau, à travers le hublot de mon four...

Savoir arrêter le cours de ses pensées pour s'émerveiller des choses et des événements les plus simples qui nous entourent, c'est déjà un bon début pour renverser une tendance négative.

Plus on insiste sur ce qui va bien, mieux ça va dans notre vie, et ce qui allait mal perdra du terrain.

Trois hommes rencontrent Jésus-Christ dans un restaurant. Voulant lui faire plaisir, le trio lui offre une bonne bouteille de vin. Afin de les remercier, Jésus s'avance vers eux et place sa main sur l'épaule du premier. Immédiatement, son mal de cou disparaît. Il s'approche de l'autre et lui passe la main dans les cheveux et le mal de tête de ce dernier s'évanouit. Se retournant vers le troisième, il le voit partir à la course en criant: «Ne me touche pas, je suis sur la CSST!»

Trois copains qui prennent un verre au bar parlent de leur vie sexuelle. Le premier dit: «Moi, je fais l'amour trois fois par semaine.»

Le deuxième dit: «Moi, je le fais deux fois par semaine.»

Le troisième se fait un peu prier et finit par leur avouer: «Moi, c'est une fois par année!»

Les deux autres, étonnés, lui demandent: «Mais pourquoi parais-tu aussi joyeux?»

Béatement, il leur répond: «C'est pour ce soir...»

**Au moment de leur rencontre,
Andrée avait 19 ans et Alain, 22 ans.**

Andrée

Je me promenais en auto avec un couple d'amis, et ma copine voulut que l'on s'arrête prendre un verre dans un bar connu. Son copain n'en avait pas envie. Elle insista et lui dit comme argument ultime: «Tu enlèves peut-être à Andrée l'occasion de rencontrer l'homme de sa vie!» Il finit par accepter de s'y rendre. Nous venions de nous installer au bar quand Alain s'avança vers nous pour dire bonjour à mes amis. Ils travaillaient ensemble. On me le présenta et nous bûmes un verre ensemble. Je le trouvais pas mal du tout. Il m'invita à danser, nous étions l'un et l'autre très nerveux... Mes amis s'en rendirent compte, puisqu'ils arrangèrent une autre rencontre et l'invitèrent à venir se baigner avec nous une autre fin de semaine. C'est comme ça que tout a commencé.

Le plus drôle, c'est qu'à quatorze ans, je rêvais que j'épouserais un conducteur de camions... C'est justement le métier d'Alain. Une autre fois, je m'étais dit que je n'épouserais jamais un Dufour parce qu'ils ont trop mauvais caractère. J'ai épousé un Dufour, chauffeur de camions, et il a très bon caractère!

Alain

Après une réunion syndicale, activité qui est toujours longue et plate, j'avais besoin d'une bonne bière pour me détendre. Je suis allé à mon bar habituel et j'ai rencontré par hasard des amis avec qui je travaillais, accompagnés d'une belle fille que je ne connaissais pas. Quand ils me l'ont présentée, ça a fait boum! dans mon cœur. Je la trouvais gentille et douce, mais pas très grande. Un peu intimidé, je me suis lancé et l'ai invitée à danser. Je me sentais très bien dans ses bras, j'étais ému, voire nerveux. J'avais vraiment le goût de la revoir. Mes amis communs ont provoqué cette occasion et nous ont invités à aller nous baigner.

Notre histoire a débuté comme ça; nous sommes sortis ensemble durant huit mois. Après une petite séparation d'un mois, je l'ai rappelée et nous ne nous sommes plus quittés depuis vingt-cinq ans.

SE SOURIRE

*Le «super sourire» humain est parmi les expressions
faciales les moins complexes. Pour faire votre large
mimique engageante, il vous faut seulement mettre en
jeu le muscle buccinateur, le grand zygomatique et le risorius.*
Paul Ekman

Un sourire efficace commence par les yeux. Quand il ne se
manifeste qu'au niveau des lèvres, c'est un sourire sur commande, froid, intellectuel et superficiel. Un sourire sincère
s'exprime avec les yeux et les lèvres.

Le sourire des yeux amène un léger massage à la vessie,
à l'intestin, au cœur, au foie, à l'estomac et aux reins.

Le sourire des lèvres masse doucement le gros intestin,
les poumons, les organes génitaux.

Le sourire des yeux amène automatiquement le sourire
des lèvres. Devant votre miroir, tentez l'expérience d'essayer de sourire avec les yeux sans y impliquer les lèvres.
Vous verrez que c'est impossible et même si vous avez

l'impression d'y arriver, il est à parier que votre visage dégagera une impression de cynisme ou de méchanceté.

«Il semble que nous soyons nés pour sourire. Certains nourrissons imitent le sourire de leur mère dans les trente-six heures qui suivent leur naissance, et tous les bébés commencent à sourire à leur entourage dès l'âge de trois mois environ. Même les enfants nés sourds et aveugles, et qui n'ont jamais pu voir cette expression faciale caractéristique, arborent des mimiques radieuses.» (Helen Fisher, p. 22.)

Présenter un visage souriant ne coûte rien, et c'est le plus beau cadeau qu'on puisse offrir à son entourage.

Quand on rencontre quelqu'un, la première chose que l'on regarde habituellement, c'est son visage. Notre visage exprime nos sentiments. Il arrive qu'un message passe mieux par un sourire ou un froncement des sourcils que par des mots. Nous avons au-delà de trente petits muscles faciaux pour exprimer différentes expressions. Quand notre visage envoie un sourire à la personne devant soi, c'est la porte ouverte à la communication.

En se souriant, on fait la paix avec soi-même, on se sent renaître, régénérer et on est capable de distribuer autour de nous l'énergie retrouvée.

Le sourire est une valeur inestimable qui enrichit tant celui qui le donne que celui qui le reçoit. Tout le monde comprend le sourire, c'est un langage planétaire.

Une femme revient de chez l'optométriste avec une paire de lunettes neuves. Elle demande à son mari si elles lui vont bien.
– Chérie, je te trouvais plus belle sans lunettes.
En le regardant bien, elle lui répond:
– Moi aussi, je te trouvais plus beau sans lunettes.

* * *

À l'atterrissage de l'avion, un passager apeuré dit au pilote: «Merci pour les deux voyages.» Le pilote lui répond: «Mais vous n'en avez fait qu'un!» «Monsieur, ce fut mon premier et mon dernier voyage!»

**Au moment de leur rencontre,
Johanne avait 15 ans et Jacques, 16 ans.**

Johanne

J'ai connu Jacques à l'âge de dix ans, ma sœur avait épousé son frère. Les deux familles se fréquentaient souvent. J'étais très indépendante et, en plus, il ne m'intéressait pas. Je ne le trouvais pas beau et il m'énervait, jusqu'au jour où il m'a accompagnée à une soirée et que tout a changé.

Je devais avoir quinze ans quand on m'invita à une soirée dansante. Étant seule, j'ai pensé à inviter Jacques à cette soirée. Histoire de me jouer un tour, ma sœur, espiègle, m'a dit:

– Tu sais, Jacques a perdu toutes ses dents, il ne lui en reste qu'une seule en avant.

À cet âge, on est un peu naïf… Découragée, j'ai sauté sur le téléphone pour dire à Jacques:

– J'veux plus qu'tu viennes à la soirée!

– Pourquoi? dit-il d'un ton triste.

Soudainement, il m'a fait pitié:

– OK! tu peux venir.

On devait se retrouver sur place. Dès que je l'ai aperçu dans le cadre de la porte, habillé tout de noir, comme je l'ai trouvé beau! Il m'a souri et je remarquais qu'il ne lui manquait pas de dents! Je l'ai aimé tout de suite, un coup de foudre. C'était une soirée dansante et, en fin de compte, nous n'avons pas dansé, nous avons passé toute la soirée à nous embrasser. Nous nous sommes revus deux jours plus tard, puis régulièrement les bons soirs (mardi, jeudi et samedi) seulement, car mon père était très sévère.

J'ai quitté la maison à l'âge de dix-sept ans pour habiter avec Jacques. On s'est mariés quatre ans plus tard. Ça fait maintenant vingt et un ans, et nous continuons toujours… à nous embrasser.

Jacques

J'ai connu Johanne vers l'âge de douze ans, nos deux familles se connaissaient puisque mon frère était avec sa sœur. J'avais un œil sur elle, mais pas elle. Je la trouvais très jolie. Je faisais tout pour qu'elle me remarque mais elle m'évitait constamment. Un jour, elle m'a demandé de l'accompagner à une soirée, sauf que deux jours plus tard, elle m'a téléphoné pour me dire qu'elle avait changé d'avis et qu'elle n'avait plus envie que je l'accompagne. J'étais très déçu évidemment et elle a dû le sentir, car elle s'est ravisée.

Dès le moment où on s'est vus à la soirée (faut dire que j'avais mis le paquet pour me faire beau), on est tombés dans les bras l'un de l'autre et nous ne nous sommes pas quittés depuis.

RÉHABILITONS LE ROMANTISME

Rien n'est petit dans l'amour. Ceux qui attendent
les grandes occasions pour prouver leur
tendresse ne savent pas aimer.
Laure Conan

Le romantisme est le petit bois d'allumage qui attise le brasier amoureux.

Le romantisme est un comportement qui fait appel à l'émotion, à la rêverie, à la sensibilité, à l'imagination, plutôt qu'à la rationalité d'une personne.

Y a-t-il encore des hommes et des femmes romantiques? Qu'ils se lèvent!

Prend-on encore le temps d'être romantique? Lorsqu'on amène ce sujet sur le terrain, hommes comme femmes semblent envahis d'un sentiment de détente, de tendre nostalgie, de douceur et de bien-être. Ils s'en délectent.

Le romantisme est un baume au cœur, qu'on utilise pour séduire l'autre, pour entretenir une relation amoureuse. Il demande du temps. C'est comme si on s'offrait une portion de vie au ralenti, accompagnée de gestes, de paroles douces et attentionnées dans le but de plaire. Il demande imagination et poésie. À l'occasion, réintroduisez le vouvoiement dans votre couple et observez-en les effets…

Qu'importe l'époque, nos besoins demeurent les mêmes. Dans un monde où une froide rationalité et une implacable logique sont les instruments de la productivité et où le temps vaut de l'argent, le romantisme paraît dépassé et inutile. Pourtant, «y a-t-il quelque chose de plus utile que l'inutile?» nous demande l'adage.

La simple évocation du mot fait soupirer chaque femme honnête avec elle-même, et les hommes le souhaitent secrètement.

Pour réhabiliter le romantisme, on pourrait commencer peut-être par mettre un peu plus de musique douce dans les discothèques pour danser à deux. Quoi de plus agréable qu'un slow dans la pénombre sur une musique envoûtante? Avouez!

Les femmes s'attendent à ce que l'aspect romantique de leur liaison vienne de l'homme. C'est une attitude désuète, nous sommes au XXIe siècle! On pourrait parler d'un néo-romantisme actif tant chez les hommes que chez les femmes.

Le romantisme pourrait prendre la relève quand les endorphines s'estompent après les premiers émois amoureux. Il met de l'imagination et de la créativité dans le quotidien!

Au cours d'une soirée mondaine, Marie-Chantal s'exclame devant la forme de son amie Héloïse:
– Quelle pétulance ce soir, mon amie!
– Oh! je ne savais pas qu'on se tutoyait!

* * *

Bonne sainte Vierge, vous qui avez conçu sans péché, permettez-moi de pécher sans concevoir!

* * *

Un curé et sa gouvernante sont en voyage à l'étranger. Elle achète avant de repartir un nécessaire à ongles pour dame. Ne voulant pas le déclarer aux douanes, elle demande au curé de le garder dans sa poche de pantalon, sous sa soutane. Rendus à la frontière, le douanier demande au curé s'il a quelques achats à déclarer. Candidement, le curé lui répond:
– De la tête à la ceinture, absolument rien, de la ceinture aux pieds, juste un petit nécessaire pour dame, qui n'a pas encore servi…

Au moment de leur rencontre, Diane avait 39 ans et Claude, 31 ans.

Diane

Je vivais seule, mon mari était décédé depuis huit ans. Durant mon deuil, je me suis remise aux études. C'est quand j'ai commencé à m'en sortir que j'ai voulu à nouveau rencontrer quelqu'un. Je me suis inscrite à des clubs de sport, j'ai joint des groupes de «parler pour parler» et ça n'a rien rapporté.

Un jour, une amie m'entraîne à participer à une croisière pour célibataires. Ça ne me tentait pas, ces soirées me faisaient penser à un marché de viande, mais finalement, je me suis laissée convaincre.

Dans un groupe de garçons, j'ai remarqué Claude. Il semblait avoir beaucoup d'humour, puisque ses amis étaient «crampés» de rire autour de lui. Au moment où j'ai eu l'occasion de lui parler, il m'a dit: «Si je viens ici, ce n'est pas pour me faire une blonde, c'est seulement pour profiter d'une croisière…» Je lui ai répondu: «C'est ça, c'est comme le gars qui va dans un bar de danseuses… pour prendre une bière!» Nous avons jasé ensemble, et avec ses amis. Plus tard dans la soirée, je suis remontée sur le pont supérieur et je suis tombée par hasard sur Claude qui était seul lui aussi. Je lui ai demandé en plaisantant s'il avait accroché quelqu'un, et il m'a répondu que non et j'ai eu envie de l'inviter à danser. Au moment de débarquer du bateau, j'espérais qu'il me demande mon numéro de téléphone, et comme rien n'est venu, j'ai pris l'initiative de le lui donner en ajoutant: «Tu m'appelleras.»

Quelques jours plus tard, il m'invita au restaurant. Ma première impression fut la bonne, je le trouvais intéressant, enjoué, charmeur. Il était libre, mais il avait déjà deux enfants et moi pas. Je me considère comme chanceuse, car à présent je suis l'amie des enfants, amoureuse de leur père et ils me le rendent bien.

Claude

J'ai vu Diane, la première fois, lors d'une croisière de célibataires. Je venais juste de me séparer. Nous étions une bande de copains et j'étais très content de profiter de cette croisière. Je me souviens que ce soir-là, j'étais très en forme et je faisais rire tout le monde. J'ai eu l'occasion de parler avec Diane, elle avait l'air très gentille. Plus tard, elle m'a invité à danser. C'était plaisant, mais ce n'était pas encore la révélation. En quittant le batcau, elle m'a donné son numéro de téléphone. Je l'ai rappelée quelque temps plus tard, j'avais un bon souvenir d'elle. Nous avons commencé alors à nous fréquenter régulièrement. Tranquillement, la flamme a grossi, enrichie d'une belle amitié. On se faisait rire. Je suis content, je n'avais jamais vécu cela avant. Nous aimons les mêmes choses et passons beaucoup de temps ensemble.

Je trouve que la vie est beaucoup plus intéressante en couple que seul… quand on s'entend bien!

VIVE LA PERSONNE LIBRE!

Personne ne peut vous donner la liberté,
elle est à trouver en vous-même.
Krishnamurti

Quand on se sent libre intérieurement, la liberté à deux devient possible. On laisse l'autre et les autres libres.

Que l'on s'en défende ou non, tout part de soi. Cette liberté individuelle est directement proportionnelle à l'estime, la confiance et l'amour que l'on se porte. L'opinion que l'on a de nous-même est la plus importante et la seule qui compte. La bonne appréciation de soi amène la liberté, puisqu'on ne dépend plus des autres pour reconnaître notre propre valeur.

C'est dans cet état d'esprit que l'on accueille mieux l'humour et la taquinerie dans son couple. En effet, fort de notre estime, nous ne risquons pas de nous vexer à la moindre remarque. Moins de chicanes et plus de rire ensemble…

Il faut savoir distinguer susceptibilité et sensibilité. La sensibilité est une aptitude à réagir dans l'émotion; la susceptibilité est une réaction d'amour-propre quand celui-ci se sent faible, dépendant. Il se blesse facilement. Nous avons tous nos démons intérieurs, les nommer avant que les autres nous les fassent remarquer nous donne une longueur d'avance. L'autodérision reste la meilleure défense à opposer aux attaques extérieures. Devancez les autres et moquez-vous de vous-même avant qu'ils le fassent.

L'humour-amour envers soi libère et nous aide à mieux nous maîtriser. Ne pas en avoir engendre la souffrance, qui se traduit souvent par des comportements aigris ou méchants.

Dans les ateliers que j'anime sur l'humour-amour, la majorité des participants avouent que le travail le plus difficile serait d'arriver à s'aimer. Ce n'est pourtant pas un péché d'orgueil comme on nous l'a fait croire, mais plutôt le fondement de notre fierté et de notre liberté.

Jeanne confie à Andréa:
– Tu ne sais pas à quel point mon mari est mesquin!
se plaint-elle. Il a gagné un voyage à Miami et au
lieu de m'amener avec lui, il a préféré y aller deux
fois!

* * *

C'est la dame qui arrive chez le docteur et qui lui dit:
«Je ne sais pas ce que j'ai, docteur, quand j'appuie
avec mon doigt sur différentes parties de mon corps,
ça fait très mal!» «Très bien, lui dit le docteur, je vais
vous examiner… Mais, madame, vous avez le doigt
cassé!»

**Au moment de leur rencontre,
Catherine avait 22 ans et Julien, 27 ans.**

Catherine

J'ai rencontré Julien par hasard chez des amis communs. Durant cette soirée, nous nous sommes parlé mais sans plus. Une semaine plus tard, à ma grande surprise, il m'a téléphoné et m'a demandé de l'accompagner au cinéma. En me ramenant chez moi, dans l'auto, il m'a embrassée. Bien que je n'aie pas eu beaucoup d'amants, je trouvais qu'il était celui qui embrassait le mieux. Plus tard, nous nous sommes revus, je le trouvais patient. À mon avis, cette qualité est celle qui englobe le mieux toutes les autres. Je le trouvais très gentil et très fin. Quand je lui demandais quelque chose, il était toujours prêt. Cependant, je ne le trouvais pas très beau. Il avait les cheveux longs et frisottants. Il faut dire que, souvent, un étudiant ne soigne pas beaucoup son apparence.

Un jour, je l'ai amené magasiner avec moi. Nous passions devant un coiffeur et il a accepté de se faire couper les cheveux. Une fois tondu, je me suis dit: «C'est en plein ce que je pensais, il est beau!» Il s'est acheté en plus de nouveaux vêtements. Je dois dire que je suis très coquette, j'aimais le voir à son meilleur. C'est sûr qu'on peut s'amuser avec l'extérieur, l'apparence, sauf que je n'avais pas à le façonner de l'intérieur. D'ailleurs, ça ne se fait pas. Si je n'avais pas accepté ce qu'il était, je ne serais pas sortie avec lui.

Quand on a la conviction d'avoir rencontré son compagnon de vie, c'est comme si on avait gagné le gros lot. Cela nous apporte paix, tranquillité, sérénité, pas parce qu'il nous appartient, personne ne nous appartient, mais parce qu'il est notre idéal.

Julien

Quand j'ai rencontré Catherine lors d'une soirée chez des amis, sans le laisser paraître, j'ai eu un choc. Elle était vraiment jolie avec ses yeux verts et ses longs cheveux blonds. Je me suis dit: «Ce n'est pas possible que cette belle fille-là soit sans compagnon.» Discrètement, je me suis approché d'elle pour lui parler. De plus, sa conversation était très intéressante. La soirée s'est terminée comme cela. J'étais un peu timide et je n'ai pas osé lui demander son numéro de téléphone. Je l'ai obtenu par un ami.

Durant toute la semaine qui a suivi, son image me hantait. Je n'osais pas lui téléphoner pour l'inviter de peur d'essuyer un refus. Un bon soir, j'ai pris mon courage à deux mains et je lui ai téléphoné. Elle a accepté mon invitation. Laissez-moi vous dire que je me suis mis à tourner sur moi-même et à danser une bonne demi-heure tellement j'étais content et envahi d'une énergie inexplicable.

Quand je l'ai revue, mon cœur a fait un bond, je me suis dit, c'est la bonne et nous ne nous sommes plus quittés depuis.

MOI, VOULOIR TE CHANGER? JAMAIS DE LA VIE!

Nul n'a jamais aimé personne
comme chacun de nous aimerait être aimé.
M. Laughin

Honnêtement, qui sommes-nous pour vouloir changer l'autre? Nous nous aimons tels que Dieu nous a créés… voyons!

Ce qui nous dérange parfois, ce sont nos comportements. Que nous voulions changer les nôtres ou ceux des autres, c'est monnaie courante et c'est même souhaitable. Notre responsabilité ne se limite pas à nos propres actes, mais aussi à ceux des personnes qui nous entourent puisque nous nous influençons tous mutuellement, dans une certaine mesure.

Tout bouge, tout change, il faut nous adapter constamment à de nouvelles données dans nos existences. Il est clair que nos comportements changent souvent au cours des dures leçons que nous donne la vie.

Aussitôt que deux personnes s'unissent, des modifications s'opèrent pour qu'elles puissent s'ajuster. À moins d'être totalement indifférent à l'autre, consciemment ou pas, on s'attend à ce que notre partenaire nous aide à nous améliorer.

C'est un travail continu, qui ne s'arrête jamais, et plus intense chez les personnes vivant maritalement. Au départ, nous sommes tous des *êtres* parfaits, c'est plutôt notre côté *humain* qui cloche. Admirons notre perfection… contemplons-nous le nombril… et travaillons notre comportement.

Sans vouloir encourager les chicanes, dans un couple, il est très sain de discuter de nos agissements. Sauf que cela nécessite beaucoup de doigté, étant donné la forte émotivité qui règne chez les gens qui s'aiment.

Il ne s'agit pas ici de changer à tout prix sa personnalité, mais d'admettre que l'on puisse modifier et améliorer certains de nos comportements grâce à la personne qui partage notre intimité. Nous devrions apprécier et nous considérer comme chanceux que l'autre nous aide à évoluer.

Soyez zen, remerciez-le ou la, sans vous sentir obligé de le crier trop fort tout de même!

Nous vivons à une époque formidable, de libéralisation pour les femmes, d'élargissement des idées, etc. Paradoxalement, nous vivons de plus en plus seuls, souvent incapables de faire la moindre concession. Aussi, reconnaissons que nous demeurons parfois … indomptables!

Un franciscain prêchait dans une église. Il avait une voix très puissante et gesticulait beaucoup. À un moment donné, le cordon de sa soutane tombe. Un enfant dans l'assistance dit à sa mère: «Sauvons-nous, maman, il est détaché!…»

* * *

Devant un auditoire, un chef cuisinier vient de presser un citron jusqu'à la dernière goutte et défie quiconque d'en extraire une autre goutte.

Deux gros fiers-à-bras s'avancent, confiants, pressent le citron, et rien n'en sort. Un petit homme maigrichon s'approche, presse le citron et en sort deux gouttes.

Étonné, le chef cuisinier lui demande: «Mais comment as-tu fait?» Il lui répond: «Je travaille à Revenu Canada!»

**Au moment de leur rencontre,
Charles avait 24 ans et Laurence, 22 ans.**

Charles

J'étais célibataire et je vivais seul. J'avais un amoncellement de vêtements qui avaient besoin de réparations. J'ai trouvé dans le journal une petite annonce: «Couturière, tous travaux à domicile.» Je l'ai appelée pour prendre rendez-vous. Quand je l'ai vue, j'étais certain de l'avoir déjà rencontrée quelque part. En effet, nous avions été à la même école au secondaire. J'étais intimidé par cette belle grande fille. Je n'avais qu'une seule idée en tête: lui parler et mieux la connaître. À tel point que j'ai oublié de lui laisser le pantalon à réparer. En arrivant chez moi, je m'en suis voulu d'être aussi distrait.

Le lendemain, je l'ai rappelée et je me suis rendu chez elle le soir suivant. En la revoyant, j'ai eu ce qu'on appelle un coup de foudre. Elle n'avait pas l'air très pressée, c'était la fin de sa journée et elle m'a invité à prendre un verre. Nous avons passé toute la soirée à parler en buvant du vin. En me levant pour partir, je me suis approché d'elle et je l'ai l'embrassée. Le ciel venait de me tomber sur la tête. Elle était plus grande que moi, mais cela ne m'a gêné longtemps car nous nous sommes très vite retrouvés allongés… en oubliant encore une fois mon pantalon!

Laurence

Pour m'aider à poursuivre mes études, j'avais décidé d'utiliser mes talents de couturière et j'avais fait passer une petite annonce. Un samedi après-midi, j'ai reçu l'appel d'un client et lui ai donné rendez-vous chez moi. En le voyant, j'ai eu une impression de déjà-vu. Il ressentait la même chose et, finalement, nous avons fini par trouver que nous avions fréquenté la même école. Nous avons beaucoup parlé et avons complètement oublié la réparation de son pantalon. Je me suis dit qu'après tout, il s'en rendrait compte et qu'il me rappellerait. En effet, il m'a rappelée et nous avons convenu d'un autre rendez-vous pour le lendemain en fin de journée.

Je me souviens qu'en ouvrant la porte et en le revoyant, quelque chose d'inexplicable s'est produit en moi. J'ai rougi et mon cœur s'est mis à battre trop vite. Je lui ai offert un verre après m'être occupée du pantalon mais, au fond, c'était plutôt moi qui en avais besoin. Nous avons discuté toute la soirée et je ne sais plus à quel moment, je me suis retrouvée dans ses bras. Je le trouvais un peu petit par rapport à moi, sauf que la douceur de ses mains et son sourire m'ont fait oublier ce détail. J'ai réparé son pantalon sans le facturer… et ça continue.

LA MORALE,
C'EST CULTUREL

Les gardiens de la morale sont toujours soucieux
pour le compte des autres, jamais pour eux-mêmes.
Helge Khog

Toute société établit ses propres règles. Elles diffèrent les unes des autres selon les lieux et les époques.

Quoique nous régressions sur certains plans, sur d'autres nous évoluons. Ainsi, dans notre société, les enfants peuvent être conçus hors mariage, les divorcés ne sont plus jugés, les couples homosexuels vivent au grand jour. Même s'il reste encore beaucoup de tabous, nous avons fait des pas de géant, et c'est très heureux.

Dans d'autres sociétés, la femme dont le mari est stérile peut demander à un autre membre de sa communauté de lui faire un enfant, et c'est accepté par son entourage.

Chez certains Inuits, en gage d'hospitalité, les hommes offrent à leur invité de partager le lit de leur femme avec l'accord de celle-ci.

Au Nigeria, chez les Kofyars, les hommes ou les femmes qui ne sont pas satisfaits de leur conjoint mais qui ne veulent pas divorcer, peuvent installer chez eux l'amant ou la maîtresse sans choquer personne.

Par contre, en Inde, selon la tradition, une épouse infidèle ne méritait pas de vivre. En Chine ou au Japon, on attendait d'une femme adultère qu'elle se suicidât.

Tout paraît bien relatif d'une époque et d'une société à l'autre. Laquelle vous semble la plus attirante?

Mon frère Yves résume bien ma pensée dans cette petite phrase: «L'important, c'est l'amour; le reste, c'est culturel.» Ça nous élargit l'horizon, pas vrai? Il faut reconnaître qu'en amour, la plupart du temps, la nature reprend ses droits sur la culture.

Après avoir eu neuf enfants avec le même homme, une femme se fait dire par le curé de sa paroisse:

– Ma fille, il serait temps d'épouser le père de vos enfants.

– Je n'ai pas envie, je ne le trouve pas assez sympathique!

* * *

Un ingénieur décède après avoir vécu une vie des plus malhonnêtes. En enfer, Satan lui demande d'installer l'air climatisé étant donné la chaleur qui règne en ces lieux et il s'exécute.

En apprenant cela, saint Pierre demande à Lucifer de lui prêter son talentueux ingénieur pour effectuer quelques travaux au paradis. Lucifer ne voulant rien entendre, saint Pierre le menace: «Je mettrai mes avocats sur cette affaire!» et Satan de répliquer: «Mais où crois-tu les trouver?»

**Au moment de leur rencontre,
Richard avait 28 ans et Gilles, 30 ans.**

Richard

J'ai rencontré Gilles chez lui. C'est une amie commune, Dina, qui nous a présentés l'un à l'autre. J'étais client à son café (*Le café in*). Nous parlions souvent ensemble, c'est une femme très humaine et nous sommes devenus amis. Chaque fois que nous étions seuls, je lui parlais de mes amours; il n'y avait personne dans ma vie à ce moment-là. Elle s'est mise à me parler de Gilles; lorsqu'on parlait de choses profondes, elle me disait: «Comme je te verrais avec Gilles!» Il demeurait à Québec et moi, à Amqui. J'avais des réticences, le concept des rencontres organisées, j'y croyais très peu.

Je me nourris beaucoup de relations humaines, je suis infirmier et pour moi, l'intériorité est importante. Je travaille avec les gens et j'aime avoir quelqu'un dans ma vie. Je voulais rencontrer une personne qui avait entrepris une démarche personnelle, qui était en croissance face à elle et qui avait des valeurs semblables aux miennes. Selon ma copine, Gilles avait ces points en commun avec moi…

Je voulais quitter Amqui pour aller à Montréal. J'avais envie d'un endroit moins monotone où ça bouge plus. J'ai donc emménagé à Montréal et à peine une semaine plus tard, ma copine Dina m'appelle pour me dire qu'elle se rendait chez Gilles, à Québec. Elle a beaucoup insisté pour organiser une rencontre, alors je me suis dit: «C'est sérieux, c't'affaire-là! Y'a sûrement quelque chose à faire là!» J'y suis donc allé en me disant que je n'avais rien à perdre et tout à gagner. Si je ne me faisais pas un amoureux, peut-être aurais-je un ami. Dina m'a donc donné son numéro de téléphone; je voulais lui parler d'abord, établir un contact pour préparer cette rencontre. Je voulais savoir si nous avions des points en commun… C'était très important pour moi de rencontrer la personne la mieux ajustée à moi, à ce que j'ai à vivre, que l'univers m'envoie cette personne-là, sans que personne ne force les choses. L'été précédent, je m'étais rendu compte que de trop vouloir et de trop chercher à rencontrer quelqu'un, c'était inutile. J'avais fait l'erreur de vouloir rencontrer quelqu'un à tout prix et il ne s'était rien passé. Donc, juste avant de rencontrer Gilles, j'avais décidé de laisser la vie faire les choses. Elle le fait beaucoup mieux que nous et elle n'oublie aucun détail…

J'ai décidé de téléphoner à Gilles et nous avons parlé beaucoup de nos valeurs personnelles, de nos croyances, de ce qu'on attendait de la vie. Quand il m'a dit qu'il travaillait un peu dans l'énergie, qu'il était ouvert à cela, je me suis dit: «Enfin, c'est lui!» Le soir, je l'ai rappelé, j'avais besoin d'en savoir plus, j'avais beaucoup aimé le premier contact au téléphone. On s'est donné rendez-vous le samedi matin. Je suis arrivé chez lui pour le déjeuner et dès qu'on s'est vus, nous nous sommes mis à rire, ça s'est fait comme ça dans l'instant. Tout de suite, on s'est serrés dans nos bras; c'était comme des retrouvailles, comme si on se connaissait depuis longtemps. Après avoir passé la fin de semaine ensemble, on a choisi de démarrer une relation de couple. Au début, on a dû s'ajuster l'un à l'autre, mais plus le temps passe, plus c'est fort entre nous. Nous vivons un amour en devenir…

Gilles

J'ai rencontré Richard le jour de l'Action de grâces, en octobre 1997. Quand je l'ai vu, j'ai eu un genre de courant électrique dans la colonne vertébrale, de haut en bas. On s'est regardés dans les yeux et l'électricité est passée aussitôt qu'on s'est dit «Salut». Tout de suite, on a eu envie d'une accolade.

Cette rencontre s'est déroulée chez moi. C'est une de mes amies, qui avait Richard comme client à son café, qui insistait tout le temps pour me le présenter. Elle disait qu'on avait les mêmes goûts, qu'il me ressemblait beaucoup et qu'on irait très bien ensemble. Je lui ai donc dit: «Présente-le-moi!» Le temps a passé, l'été est arrivé et elle me parlait toujours de Richard. C'est lorsqu'elle est venue me visiter à Québec que je me suis vraiment décidé et que je lui ai dit: «Bon, maintenant présente-le-moi et on verra. Si ça ne fonctionne pas, c'est pas plus grave que ça!»

Finalement, elle lui a donné mon numéro de téléphone et il m'a appelé un dimanche matin. On s'est parlé environ une heure de tout et de rien; de ce qu'on aimait et n'aimait pas, de nos buts, ce qu'on recherchait chez quelqu'un. Auparavant, j'avais écrit sur un papier ce que je recherchais, ce que je voulais précisément chez un garçon: la grandeur, le poids, etc., et c'est exactement ce que j'ai eu. Évidemment, il faut que ça vienne de l'intérieur pour que ça marche. Ce n'est pas une recette de cuisine, ça doit être senti. Pour savoir ce que l'on veut, il faut bien se connaître et poursuivre un cheminement intérieur.

Donc, on s'était beaucoup parlé le dimanche matin et le soir, il m'a encore rappelé en me disant qu'il n'avait pas pu résister. Nous nous sommes donné rendez-vous pour le samedi suivant. Il n'y avait pas d'attentes de part et d'autre, on se disait: «Si ça ne fonctionne pas, tant pis!»

Le vendredi soir, dans la nuit, je n'ai presque pas dormi, j'étais nerveux. Ma copine «entremetteuse» était aussi au rendez-vous. Le matin, on s'est levés tôt pour préparer le déjeuner. Elle avait acheté une bouteille de champagne et, comme il tardait à arriver, nous l'avons toute bue elle et moi. «Fêtons cela, me dit-elle, on ne sait jamais, il y a peut-être un mariage en vue!»

J'étais sur le patio quand il est arrivé vers 11 h. Il est sorti de l'auto, je me suis approché, on s'est regardés et là, vraiment, ça a fait des flammèches. Le courant dans la colonne vertébrale. Entre-temps, ma copine était allée chercher de la bière. Durant son absence, on s'est pris dans nos bras. Il est resté jusqu'au lundi soir, on ne voulait plus se quitter, mais travail oblige!

Voilà, je crois que ma formule de l'écriture marche vraiment, que ce soit au travail ou dans la vie sentimentale, quand on sait ce qu'on veut avec précision, ça marche! Et j'en suis bien heureux!

**Au moment de leur rencontre,
Flavien avait 42 ans et Annette, 37 ans.**

Note de l'auteure: Il y a quelque temps, j'ai assisté à l'assemblée d'un club social dans ma région. Le curé de la paroisse s'y trouvait. Il a fait un bref exposé et a dit, entre autres: «Je ne crois pas à la charge familiale pour un curé qui désire bien servir ses ouailles, sauf que je n'ai rien contre un prêtre qui sent le besoin d'avoir une vie affective.»

J'ai gardé cette phrase en mémoire et j'ai eu envie de le rencontrer pour en savoir plus.

Après la réunion, je lui ai parlé de mon projet d'écriture et je lui ai demandé s'il voulait bien répondre à quelques questions suscitées par sa réflexion sur la vie affective des prêtres. Il l'a fait avec beaucoup de franchise et de simplicité.

Je lui ai également demandé si je pouvais interroger son amie sur leur rencontre et noter leurs témoignages dans mon livre. Ils ont tous deux accepté, à condition de protéger leur anonymat.

Flavien

Je crois fermement à ma vocation. Je ne veux pas généraliser, mais je pense qu'une vie affective honnête n'enlève rien à la qualité de la vie religieuse d'un prêtre.

Il y a deux ans, le destin a mis sur ma route une charmante dame qui faisait partie de la chorale de l'église. Il y avait une très bonne ambiance dans ce groupe et j'aimais leur parler. Spontanément, je me surprenais à aller vers elle. C'était comme si je l'avais toujours connue. Elle m'attirait énormément, et je ne m'empêchais jamais d'aller lui parler.

Un jour, je l'ai invitée au presbytère pour prendre un café et, finalement, je lui ai avoué mon attirance pour elle. Je savais qu'elle était célibataire et libre. J'avais confiance en elle, je la sentais évoluée et discrète. Je lui ai demandé si elle voulait bien continuer à me voir dans cet état d'esprit et, à ma plus grande joie, elle m'a dit oui. Depuis, nous nous rencontrons régulièrement de façon discrète. Nous avons une relation saine: elle comprend et accepte que je ne puisse lui offrir davantage. Je l'aime et remercie le ciel que cette personne ait croisé ma route, ce qui, somme toute, contribue à m'épanouir et à mieux remplir mes tâches sacerdotales.

Je souhaite qu'un jour nous, les prêtres, n'ayons plus à nous cacher pour vivre une vie affective harmonieuse, en tout cas pour ceux qui le souhaitent. À mon avis, la vocation religieuse deviendrait accessible à un plus grand nombre.

Annette

Comme Flavien vous l'a dit, je l'ai rencontré à la chorale de l'église. Je l'avais remarqué depuis longtemps à tous les exercices religieux. Je le trouvais très beau et charmant. Et je gardais ça très profondément en moi. Je me rendais compte que chaque fois qu'il m'apercevait, il s'approchait de moi pour me parler, et il y avait une étincelle dans ses yeux. Je ne me faisais aucune illusion et je me disais: «Aimer un prêtre, c'est aimer sans retour, sans partage, c'est vivre un amour impossible et souffrir inutilement.»

Un bon jour, je l'ai rencontré dans la rue et il m'a invitée à son presbytère. Une fois là-bas, nous avons longuement parlé, puis il m'a avoué que je lui plaisais beaucoup. Je lui ai tombé dans les bras en n'osant y croire... Je ne l'ai vu que comme un homme simple, amoureux en face d'une femme tout autant amoureuse. Il n'était plus «Monsieur le curé». Nous avons continué à nous voir discrètement et occasionnellement, et je me contente de cette situation en voyant le bon côté des choses. Nous avons une relation de qualité et la chance de vivre un amour que la société jugerait impossible.

LA VIE DE COUPLE: UNE «T.T.E.»

Quand la lune de miel s'estompe, le couple devient ni plus ni moins qu'une T.T.E., c'est-à-dire une «Tite Tite Entreprise».

Bien que l'amour soit toujours présent, deux étrangers se font face. Pour ces deux adultes dont les personnalités, l'éducation, le milieu et la culture parfois diffèrent, il y a au départ une période d'adaptation, plus ou moins difficile mais nécessaire.

Comment négocier sans perdre ses acquis, sans briser l'harmonie de son couple, sans se décourager au point de tout foutre en l'air? Il en faut de la volonté de part et d'autre pour s'investir dans une relation que nous souhaitons secrètement pour toujours!

De nos jours, la longévité, l'autonomie financière des femmes et la mobilité exigée pour se trouver du travail apportent une certaine précarité dans les couples. Conscients de cela, nous avons de plus en plus de mal à nous engager, à nous investir et à croire en la vie de couple. On privilégie davantage l'épanouissement personnel, l'individualisme aux dépens de la cellule couple.

C'est ici que le concept de «T.T.E.» m'est apparu. Nous pourrions nous engager avec autant de ferveur qu'avant, mais plutôt pour des contrats à court terme, négociables et renouvelables. Cela pourrait ressembler à: «Chéri, voudrais-tu m'épouser pour une couple d'années?…» Cette idée me semble plus rassurante que celle du divorce, qui n'est qu'une réponse définitive à un engagement définitif, la brisure d'une entente. C'est l'idée du petit à petit: une fois rendus avec succès à la première étape, on peut librement s'engager dans la deuxième, et ainsi de suite. À chaque échéance, il faudrait s'entendre sur les termes d'un nouvel accord, en élevant la barre un peu plus haut, avec des critères plus affinés, chacun des deux pouvant en toute équité exiger, refuser, exprimer et modifier le nouveau contrat, sans avoir l'impression de le briser.

Il me semble que l'on y gagnerait en respect, en tenant moins son conjoint pour acquis, en étant capable de travailler son comportement sur la base d'efforts consentis sans pour autant se forcer. Exactement comme on traiterait un de nos bons clients dans un marché de libre concurrence… enfin presque!

Un petit salarié dit à son collègue: «Tu sais, pour arrondir mes fins de mois, j'écris.» «Ah oui! répond le collègue, mais pour quel journal?» Et le travailleur de lui dire: «J'écris à mon père pour qu'il m'envoie de l'argent…»

**Au moment de leur rencontre,
Michel avait 38 ans et Louise, 29 ans.**

Michel

J'ai rencontré Louise à la suite d'une petite annonce que j'avais fait paraître dans un journal. À l'époque, j'étais encore marié mais mon couple ne fonctionnait vraiment plus. Je me sentais seul. Comme ce n'est pas mon genre d'aller dans les bars enfumés, j'ai donc pensé au journal. Après quelques jours, j'ai reçu une lettre de Louise qui disait à peu près ceci: «C'est la première fois que je réponds à ce genre d'annonce, car on ne sait jamais sur qui on tombe. Si vous avez le goût de me rencontrer, voici mon numéro de téléphone.»

Je l'ai appelée et nous avons pris rendez-vous chez elle. Elle vivait en commune. Je sonne à la porte et elle me demande: «Es-tu Michel?» Je lui ai répondu: «Tu es Louise?» Nous sommes allés prendre un café quelque part et jaser un peu. Nous avons décidé de nous revoir à nouveau. Elle m'attirait beaucoup physiquement, elle était aussi une personne intelligente et intéressante. C'était profond. Un coup de foudre peut passer très vite alors qu'apprécier une personne en la connaissant mieux fonde un amour sincère et durable. C'est ce qui s'est passé avec Louise.

Louise

J'étais divorcée depuis deux ans et j'avais décidé de changer de carrière. Je me suis donc inscrite en faculté de droit et comme je n'avais pas beaucoup d'argent, je partageais une commune avec d'autres étudiants. Nous étions un groupe très structuré où j'aimais beaucoup vivre.

Un jour où je lisais le journal, je me suis amusée à lire les petites annonces de rencontre. J'ai remarqué une annonce signée Michel; il était le seul à avoir donné son prénom. Comme je n'avais jamais fait l'expérience de répondre à ce genre d'annonce, je lui ai répondu en lui donnant mon numéro de téléphone au travail s'il avait envie de me joindre. J'oublie tout cela et, deux jours plus tard, Michel m'appelle. Il m'a parlé pendant 1 h 30 au téléphone. Il ne se trouvait pas très grand et après 56 000 détours, il m'a demandé si j'étais grande ou petite. Je lui ai répondu que pour prendre un café assis, cela n'avait pas beaucoup d'importance. Il n'était pas plus avancé. Il a voulu me donner rendez-vous au cinéma, mais j'ai refusé, on ne se connaissait pas… et je voyais mal comment le faire sans se parler! Ça me surprenait, car il avait l'air d'aimer parler.

Il est venu me chercher chez moi et nous sommes allés boire un verre quelque part. Il parlait toujours beaucoup, je le trouvais plein d'énergie et très vivant. Cela me plaisait. On s'est revus régulièrement durant deux ans où il ne m'a rien dit de sa situation matrimoniale. Il a réglé ses affaires de son côté et, une fois libre, nous nous sommes installés ensemble.

On ne se vante jamais d'avoir rencontré quelqu'un par le biais des petites annonces, c'est encore tabou. J'aimerais ajouter que notre union dure depuis vingt et un ans.

SON JARDIN SECRET

J'ai connu des hommes de grand courage,
qui avaient peur de leur femme.
J. Swift

Doit-on tout raconter à l'autre?

Personnellement, je pense que non. Nos expériences passées nous appartiennent. Il est classique que lors de disputes, et à court d'arguments, nos confidences nous soient resservies comme des armes pointées contre nous dans le but de nous déstabiliser.

Pour susciter l'intérêt de son partenaire, un peu de mystère est nécessaire. Ce qu'on ne dit pas n'est pas un mensonge.

Ce que l'on choisit de dévoiler doit être constructif et contribuer à l'évolution de son couple. Sinon, il est préférable de se taire.

Quoi qu'il en soit, on ne dit pas tout à ses amis intimes, et souvent on n'ose même pas tout s'avouer à soi-même.

Vous comprendrez que je ne puis vous en dévoiler davantage sur ce sujet… Chuuuuut!

Christian demande à Esther:
– Es-tu capable de garder un secret?
– Oui, bien sûr.
– Moi aussi!

**Au moment de leur rencontre,
Lyne avait 21 ans et Jean-Pierre, 22 ans.**

Lyne

Je travaillais à temps partiel dans un restaurant comme serveuse, pour payer mes études. Jean-Pierre était chargé de l'organisation du personnel. Il était mon patron. On ne se voyait pas très souvent. Il nous arrivait parfois de fermer l'établissement lui et moi en fin de journée. Ça nous donnait l'occasion de parler, j'aimais ce qu'il avait à dire, je découvrais que nous avions des goûts communs: la musique, le sport.

De fil en aiguille, mon intérêt pour lui s'est développé. Plus il m'intéressait, plus je le trouvais beau. Ce qui me chagrinait, c'était qu'il était défendu d'avoir une quelconque relation intime avec un supérieur pour éviter tout favoritisme envers les employés. L'intérêt était là, mais la situation était très délicate. J'avais des atomes crochus avec lui, mais je ne voulais pas perdre mon emploi. On se voyait donc à la sauvette, nous vivions une relation clandestine. C'était quand même excitant. Nous avons tenu le secret environ six mois mais peu de temps après avoir terminé mes études, j'ai démissionné et vécu enfin cet amour au grand jour.

Jean-Pierre

Je travaillais comme chef de section dans un restaurant. Malgré mon jeune âge, je devais me comporter sérieusement. Cela voulait dire «pas d'aventures avec le personnel». Jusqu'au jour où j'ai «monté en amour» pour une jolie serveuse du nom de Lyne. Elle ne s'en rendait pas compte, mais j'arrangeais son horaire pour faire en sorte que nous fassions ensemble la fermeture du restaurant. Quand elle posait ses grands yeux bleus sur moi, je figeais. Nous parlions beaucoup, elle était très intéressante, elle étudiait le droit. Je l'admirais.

Un beau soir, à la fin de la journée, une fois seul avec elle, dans la cuisine arrière, je l'ai prise dans mes bras pour l'embrasser et je lui ai avoué qu'elle me plaisait beaucoup… C'était réciproque. C'était comme si on pensait la même chose en même temps, nous avions beaucoup de points communs. La communication était très bonne. Le fait que nous soyons obligés de nous cacher ajoutait à l'excitation. À plusieurs reprises, nous sommes passés tout près de nous faire pincer. Un jour, un collègue est venu dans mon appartement et a reconnu des objets et des notes de Lyne. J'ai réussi à le convaincre qu'il se trompait. Une autre fois, Lyne était dans ma voiture et a dû pencher sa tête pour ne pas être reconnue par un employé qui passait près de l'auto.

Un bon jour, tout le monde a fini par savoir que nous sortions ensemble. Une bombe! J'ai été muté ailleurs, Lyne a démissionné et, quelques mois plus tard, nous habitions ensemble.

CONCLUSION

En couple, nous aspirons tous à un bonheur partagé. Pour y arriver, le temps est notre meilleur allié.

Le bonheur, qui ne doit pas être confondu avec l'euphorie des rencontres, se construit avec le temps. Le problème est que nous voulons tout immédiatement, comme guérir nos maladies à coup de pilules… Tout autant que le rire qui favorise la guérison ne se prescrit pas et demande un travail sur soi, l'harmonie d'un couple nécessite aussi du temps et de l'effort… Oui, mais ô combien récompensée par une vie plus riche et stimulante!

Je souhaite que ce livre suscite quelques réflexions et discussions. Au fond, y a-t-il un sujet plus intarissable et exaltant que celui de notre vie amoureuse?

BIBLIOGRAPHIE

Dictionnaire des citations du monde entier, Paris, Le Robert, 1993, coll. «Les usuels».

BUREAU, Jules. *Le goût de la solitude*, Montréal, Éditions du Méridien, 1997, 198 p.

FISHER, Helen. *Histoire naturelle de l'amour,* Paris, Éditions Robert Laffont, 1994, 453 p.

JACQUARD, Albert. *Petite philosophie à l'usage des non-philosophes*, Paris, Calmann-Lévy, 1997, 232 p.

KINGMA, Daphne Rose. *Comment trouver l'âme sœur*, Laval, Modus Vivendi, 1996, 192 p.

SALOMON, Paule. *La sainte folie du couple,* Paris, Albin Michel, 1994, 398 p.

YOURCENAR, Marguerite. *Les yeux ouverts,* Paris, Le Centurion, 1980, 319 p.

TABLE DES MATIÈRES

Pour les personnes intéressées à joindre madame Paule Desgagnés pour des conférences, des ateliers, des animations de groupes, soit en milieu de travail ou autres, voici ses coordonnées:

Paule Desgagnés
1364, Émilien-Rochette
L'Ancienne-Lorette (Québec)
G2E 2T8
Téléphone: (418) 871-0344
Courriel: rire.p desgagnes@qc.aira.com